# テレヴィジオン

ジャック・ラカン
藤田博史・片山文保 訳



講談社学術文庫

# 目次

# 凡　例

・本書はJacques Lacan, *Télévision*, Paris: Éditions du Seuil, 1974 の全訳である。
・訳文中に［9］の形で原書のページ数を付記した。
・本書の性格上、訳註は最小限にとどめた。
・訳註箇所は本文中に（1）、（2）……のように示し、訳註は本文の後にまとめた。
・訳語には適宜、発音を示すルビを振り、原語を想起するための補助とした。
・ルビやカタカナ表記は原音に近づけることを旨としたが、すでに慣例となっている表記法を優先した箇所が少なくない。
・ルビを振った訳語は、巻末の「訳語－原語対照表」に収録した。
・原文中のイタリック体は、訳語ではゴシック体とした。ただし、書名、標題の場合は『　』を用いた。
・原文中の« »は、訳文中でも《　》で表記した。ただし、書名、標題の場合は『　』を用いた。
・翻訳によって追加された挿入句には――を用い、原文中の――と区別した。
・訳文中の「　」は、原文にはないが、必要に応じて訳者が付加したものである。
例「結う一 unien」、「極－楽 le plus-de jouir」、など。

・大文字で始まる特殊用語は、すべて〈　〉で括って区別した。
例　l'Un〈一〉、Le Père〈父〉、La femme〈女〉、L'homme〈男〉、La science〈科学〉、など。

・したがって、l'Autre はすべて〈他者〉と表記し、小文字で始まる l'autre は、単に、他者、とするか、「小文字の他者」の訳語を当てた。

・原文中の ça については、「それ《サ》」、「こんな《サ》」のように、例外なく、すべて「サ」のルビを振ってそれと分かるように訳出した。

・言語学用語、およびラカンの用語に関しては、カタカナ表記のままで訳出したものが少なくない。
例　ラング (langue)、ランガージュ (langage)、パロール (parole)、シニフィアン (signifiant)、シニフィエ (signifié)、ララング (lalangue)、など。

・固有名詞、およびラテン語、ギリシア語、ドイツ語、英語には、原則として原語を並記した。
例　バルタザール・グラシアン Baltasar Gracián、レイ *reï*、フィリア *Φιλία*、欲動 *Trieb*、独力で成功した人間 *self-made man*、など。

・ラカンの造語あるいは特殊な表現には、必要に応じて原語を並記した。
例　人畜 d'hommestiques、「か－み－たり di-eu-re」、騙されぬ人々は彷徨う les non-dupes errent、悦ばしき知 gay sçavoir、など。

・本書には今日では差別的とされる表現が用いられている。歴史的文書であることを鑑み、ご理解を賜りたい。

# テレヴィジオン

# はしがき

1　《ジャック・ラカンに関する番組》をフランス放送協会学術研究部[1]が要望し、本書に収録したテクスト分のみが放映された。放送は二部に分けられ、「精神分析」という標題のもとに、一月末に公表の予定。ディレクターはブノワ・ジャコである。

2　わたしは、質問の回答者に、彼がわたしに語ったことのうちから、わたしが理解したものを篩い落としてくれるようにお願いした。また、主要な論点は、欄外に手引き manuductio の形でまとめておいた。

一九七三年　ノエル　　　　　ジャック＝アラン・ミレール

わたしに問いかける者は、わたしを読む術も知っている。

ジャック・ラカン

# I

［9］わたしはつねに真理《ラ・ヴェリテ》を語ります。すべてではありません《パ・トゥット》、なぜなら、真理をすべて語ること《トゥット・ラ・ディール》、それはできないことだから《オン・ニ・アリヴ・パ》です。真理をすべて語ること《ラ・ディール・トゥット》、それは、素材的に《マテリエルマン》、不可能《アンポシーブル》です。つまり、そのためには、言葉《モ》が不足している《マンク》のです。真理が現実界に由来する《ティアン・オ・レエル》のも、まさにこの不可能によっています。

だから白状します《アヴレ》が、この喜劇《コメディー》に答えようとして、結局それはくずかご《パニエ》ゆきがいいところでした。

つまり失敗した《ラテ》のです。しかしだからこそ、ひとつの失策《エルール》としてみれば成功しています。もっと適切ないい方をするなら、ひとつの散策《エールマン》として成功しているのです[2]。

この散策は取り立てて重要ではなく、その場限りのものです。しかし、まず、どのような散策でしょうか。

散策は、白痴《イディオ》たちがわたしを理解できるように話そう、という考えのなかにあります。

こういう考えは、わたしにはきわめて不自然に感じられるものであって、人から提案される以外にはなかったものです。それは友情《アミテイエ》からでしたが、危険《ダンジエ》なことです。

S(Ⱥ)

というのも、テレヴィジオンと聴衆《ピュブリック》——この聴衆を前にして、わたしは、わたしのセミネールと呼ばれるものにおいて、長年にわたって話をしてきたのですが——との間に違いはないのですから。いずれの場合にも眼差し《ルガール》はひとつだけです。どちらにおいても、〔10〕わたしは眼差しに向かって話しかけているのではなく、眼差しの名《ノン》において話しているのです。

$(a \diamond \$)$

しかし、だからといって、わたしが誰にともなく《ア・ラ・カントナッド》(3)しゃべっているのだとはおもわないでください。わたしは、この分野に詳しい方々、つまり、白痴ではない方たち、分析家と想定される方たち《アナリスト・スュポゼ》に話しかけているのです。

経験の教えるところによれば、群衆《アトルプマン》だけに限っても、わたしの語ることは、わたしがある正当性を以て分析家であると想定している人たちよりも、はるかに多くの人たちの興味を引いているのです。したがって、どうしてここで、わたしのセミネールとは別の調子《トン》で話すことがあるでしょうか。

それに第一、わたしがそこに、わたしを聞いている《アンタンドル》分析家たちをも想定するのは、荒唐無稽《アンヴレサンブラーブル》なことではありません。

さらにいうなら、わたしは分析家と想定されている方々に、あの対象《オブジェ》——この対象のおかげでわたしの教えていることは自己分析《オート‐アナリーズ》ではなくなっているのですが——　——になってもらうこと以上のなにも期待していないのです。おそらくこの点において、わたしは、彼ら、つまりわたしに耳を傾けている《エクート》人たちにしか、理解され《アンタンデュ》ないでしょう。しかし、たとえなにも理解していなくても、一分析家は、わたしがたったいま口にした《フォルミュレ》この役割を担うのであり、したがってテレヴィジオンもまた分析家と同様に、その役割を担うことになるのです。

　つけ加えておけば、これらの分析家は、対象——分析主体《アナリザン》の対象——である限りにおいて分析家《アナリスト》なのです。わたしは彼らに話をする《ジュ・マドレッス・ア・ウ》ことがありますが、それは彼らに話しかけて《ジュ・ルール・パルル》いるのではなく、彼らについて話している《ジュ・パルル・ドゥー》のです。たとえそれが彼らを混乱させる《トルブレ》だけだとしても。だれ《キ》が知っている《セ》のでしょうか。それは《サ》暗示《スユグジエスチオン》の効果《エフエ》をもち得るのです。

　人はこのことを信じるでしょうか。暗示がなんにもならないようなひとつの場合《カ》があるのです。つまり、分析家がその欠如《デフオ》を［11］小文字の他者《オートル》から得ている場合です。この小文字の他者とは分析家をわたしがいうところの《パス la passe》まで運んだものであり、この《パス》は分析家であると《ス・ポゼ・アン・》自任する《アナリスト》ための《パス》です。

　虚構としてのパスが未完成の教育《フォルマシオン・イナシュヴェ》と見做される《パス・プル》場合は幸いです。つま

$S_1 \rightarrow S_2$

$\frac{a}{S_2}$

り、これらの場合は希望を残しているのです。

# II

［15］―― おもいますに、わたしがここで、先生と才知を競うには及ばないでしょう……、ただ、先生にお答えいただく場を提供すれば足りることです。また、先生がわたしから受け取られるであろう質問は、もっとも薄っぺら《マンス》なものにすぎません。つまり、初歩的《エレマンテール》で、卑俗《ヴュルゲール》でさえあるものです。そこで、質問いたします。《無意識《アンコンシアン》――なんと奇妙《ドロール》な言葉《ドゥ・モ》でしょう！》

―― フロイト Freud がほかに適当な言葉を見つけられなかったからで、後戻りするには及びません。この言葉には、否定形《ネガティフ》であるという不都合があり、これが世間《モンド》に、ただでさえそうなのに、さらに、有ること無いことを想定させるのです。でも、いいではないですか。知覚されないもの《ショーズ・イナペルスユ》に対して「どこにもない《ニュル・パール》」といういい名《ノン》とおなじように「いたるところにある《パルトゥ》」ともいえるのですから。

しかし、それはきわめて精確《プレシーズ》なもの《ショーズ》です。話す存在《エートル・パルラン》にしか無意識はありません。その他の存在には――――それらは、現実界《ル・レエル》によって自らを認めさせているにもかかわらず、名づけられる《ノメ》ことによってのみ存在たり得ているのですが――――本能《アンスタン》、すなわち、それらの

《無意識の条件、それはランガージュである》、……

生存《スュルヴィ》に含まれる知《サヴワール》があります。といってもまだ、それはわたしたちの思惟《パンセ》にとってそうであるに過ぎません。わたしたちの思惟は、ここではおそらく不適当《イナデクワット》なものなのです。

人間という病 mal d'homme にかかった動物たちが残っています。[16] それゆえ、それらは「人畜 d'hommestiques」と呼ばれ、このために、極めて短いものですが、無意識の地震《セイスム》に貫かれるのです。

無意識、それは話《サ》すのであり、このことが無意識をランガージュに依存させるのです。しかし、これについては殆ど知られていません。つまり、人々の間に言語学 linguistique の名で介入しようとしているもの、これは新しいものですが、これを無意識の場所に編成するために、わたしが原言語学 linguisterie(4) として指摘しているものがあるにも拘らず、このことは殆ど知られていないのです。言語学は、ララング lalangue に携わる科学なのであり、わたしはこれを、他のどの科学でもやるように、言語学の対象であることを明示するため、ララングと一語で書きます。

……これはラランングに対して外-在する：

この対象は、しかしながら、卓越《エミナン》しています。というのも、主体についてのアリストテレス的な概念《ノシオン》そのものが、他の何にもまして正当に還元《ス・レデュイーズ》されるのがこの対象だからです。このことが、魂《アーム》に対するもうひとつの主体の外―在《エクーシスタンス》によって、無意識を制定《アンステイテユエ》することを可能にします。ここで魂というのは、身体《コール》に対する無意識の機能の総計《ソム》による仮設《スユポジシオン》としての魂です。この魂は、アリストテレス Aristote からユクスキュル Uexküll にいたるまで同じ口調《ヴオワ》で語られ、望もうと望むまいと生物学者たちがいまだに想定しているのですが、それにも拘らず、この魂の方がより問題《プロブレマテイック》なのです。

実際、無意識の主体は、身体を介して、つまり身体に思考《パンセ》を導き入れることによって初めて魂に触れ《トウシュ》るのです。この点ではアリストテレスと異なっています。人間は、この〈哲学者〉が想像《イマジネ》するみたいに、魂で考えるのではありません。

人間は、ある構造《ストリユクテユール》、つまりランガージュの構造、――構造といえばランガージュの構造のことなのですが――この構造が身体を切り分け《デクップ》ることによって思考するのです。そして、この切り分けは解剖学《アナトミー》とはなんの関係もありません。ヒステリー症者がその証拠です。この[17]裁断機《シザイユ》は強迫症状《サンプトム・オプセッシオネル》を伴って魂を訪れるのです。この思考に魂はうろたえ《サンバラッス》、これをどうしてよいのかわからない《ヌ・セ・ク・フ・エール》のです。

思考というものは魂に対し不調和《ディザルモニック》なのです。ですから、ギリシア語のヌ

分析の仮説《イポテーズ》。

$i(a)$

思考は、魂《アーム》―身体《コール》に対して、外―在の関係しかもたない。

ース νοῦς(5)は、魂に対する思考のおもねり《コンプレザンス》の神話《ミット》です。このおもねりは、世界《モンド》に、つまり魂がその責任者《レスポンサーブル》であるとみなされている世界（環境世界 *Umwelt*）に見合う《コンフォルム》ものなのでしょうが、この世界とはひとつの思考を支える幻想《ファンタスム》にすぎないのです。これもたしかに《現実《レアリテ》》でしょうが、現実界のしかめ面《グリマス》として理解されなければなりません。

――それでも、あなたが幻想に帰してしまうこの世界のなかで、具合が良くなる《アレ・ミュウ》ために、人は精神分析家《プシカナリスト》であるあなたのところへやってくることに変わりはないわけです。治癒《ゲリゾン》ということも、やはりひとつの幻想なのでしょうか。

――治癒とは、苦しんでいる人、つまり、身体や思考を病む人の声《ヴォワ》から発せられるひとつの要求《ドゥマンド》です。驚くべきは、それに対する答え《レポンス》があり、医学はいつも言葉《モ》によって的を射てきたということです。

無意識が発見される以前は、どうだったのでしょうか。実践《プラティック》というものは、機能するのに、解明される《エートル・エクレレ》必要はないのです。結論はそういうことです。

現実《レアリテ》が現実界《レエル》に似ている僅かなところ

言葉《モ》の力《プーヴワール》

―― それでは、分析は《解明される》ということだけで治療《テラピー》から区別される《ス・ディスタングレ》のですか。あなたのおっしゃりたいのはそういうことではないでしょう。そこで次のように［18］質問《ケスチオン》をまとめてみます。《精神分析《プシカナリーズ》と精神療法《プシコテラピー》は、いずれも言葉《モ》によって初めて作用する《アジッス》。とはいうものの、両者は対立している《ソポーズ》。それはなんにおいてか《アン・コワ》。》

―― 当節では、《精神分析的発想《アンスピラシオン・プシカナリティック》》によることを要請されないような精神療法はありません。わたしはこのことを、それにふさわしく、括弧で強調します。そこに依然として存在する違いというのは、マットに沈まない《オン・ニ・アイユ・パ・オ・タピ》、……つまり寝椅子《ディヴァン》のところへゆかないということだけなのでしょうか。それ《サ》は、おなじく括弧つきの《協会《ソシエテ》》のなかで、パスがなくて苦しんでいる分析家たちの出発を助けてやることになるのです。パスについてなにひとつ知ろうとしない協会は、その欠如を階級づけの手続きによって補塡《スュプレ》しており、このすこぶるエレガントな手続きは、実践においてではなく、人間関係において、より巧妙さを発揮する人たちがそこに居座るためのものなのです。

だからこそ、わたしは、この実践を精神療法において優先《プレヴオ》させるようなものを、産み出そう《プロデユイール》としているのです。

無意識が係わっている限りにおいて、構造《ストリユクテユール》、すなわちランガージュがもたらす側面《ヴエルサン》は二つあります。

ランガージュによる構造しかない。

意味《サンス》の側面。これについては、これが分析の側面であると、そしてこの分析の側面は性の船《バトオ・セクスユエル》をうまく浮かせるために、わたしたちに意味を波のように浴びせかける《デヴエルス》のであると信じられているかもしれません。

この意味が、無《ノン》-意味《サンス》に、つまり性的関係の無-意味に帰着するということはきわめて明白《フラパン》なことです。この無意味は、昔から常に、愛の語りごと《ディ・ドゥ・ラムール》において明らか《パタン》なものです。けばけばしい《ユルラン》くらいに明らかで、このことが[19]人間の思考について高い評価《オー・ティデー》を与えるのです。

《性的関係はない。》

さらに、良識《ボン・サンス》と見做され、おまけに常識《サンス・コマン》とおもわれているところの意味《サンス》があります。これは滑稽《コミツク》の極致《ソメ》です。ただし、滑稽というものは性行為《クウ・デユ・セックス》における無《ノン》-関係《ラポール》を知らずしては成り立ちません。ですから、わたしたちの威厳《デイニテ》がその続き《ルレ》を引き受ける、つまりそれと交替する《ルレーヴ》のです。

良識は暗示《スユグジエスチオン》を再現し《ルプレザント》、喜劇《コメデイ》は笑い《リール》を再現します。これはつまり、両者が殆ど相容れないというだけでなく、この二つで充分だということなのでしょうか。まさにここで、精神療法は、いかなるものであれ、ただちに行き詰まるのです。とはいっても、精神療法がなにがしかの利益《ビヤン》をもたらさないというのではなく、その利益が最悪《ピール》の結果を招いてしまうのです。

そこから無意識が、つまり欲望《デジール》が姿を現わすその執拗さ《アンシスタンス》、あるいはそこで要求されていることの反復《レペティシオン》が、――フロイトが無意識を発見したまさにそのときに無意識に関して述べているのはこのことではないですか、

そこから、無意識が、もしわたしがいうようにラングにおいてランガージュを構成していると認められる構造が確かに無意識を支配《コマンド》しているのならば、

無意識が気づかせてくれるのは、意味の側面に対して、――この意味の側面が、パロールにおいてわたしたちを魅了しており、そのおかげで、存在《エートル》はパロールに対するスクリーンとなり、パルメニデス Parménide はこの存在のことを思考《パンセ》であると想像したのですが――、

無意識が気づかせてくれるのは、結論をいえば、意味《サンス》の側面に対して、ランガージュの研究は、記号《シーニュ》の側面を置くということです。

$$d \rightarrow (\$ \diamond D)$$

どうして症候《サンプトム》――つまり分析で症候と呼んでいるもの――ですら、その指針を与えることがなかったのでしょうか。フロイトが、〔20〕ヒステリー症者《イステリック》を素直に観察し、夢、言葉の誤り《ラプスス》、そして機知《モ・デスプリ》を、暗号文《メサージュ・シッフレ》を解読《デシッフル》するように読むようになるまでは、そのような事態は避けられなかったのでした。

――それが、まさにフロイトのいっていることであり、いっていることのすべてであるということを証明《プルヴェ》してください。

――これら三項目について書かれたそれぞれのフロイトのテクスト――それらの標題は今ではもう陳腐《トリヴィオ》なものですが――に当たってください。そうすれば問題は純粋な、シニフィアンの「次元＝辞言＝辞－マンション dit-mension」(6) の解読《デシッフラージュ》以外のなにものでもないということがお分かりになるでしょう。

すなわち、これらの現象《フエノメヌ》の〈一《アン》〉(7)は、ありのままに《ナイヴマン》分節されて《アルティキュレ》いるのです。分節されているというのは言語化《ヴェルバリゼ》されているという意味であり、ありのままにというのは世俗の論理《ロジック・ヴュルゲール》、素直に《サンプルマン》受け入れられたラングの用法《アンプロワ》に従ってということです。

そして、多義《エキヴオツク》、隠喩《メタフオール》、換喩《メトニミー》の織物《テイスユ》のなかを突き進みながら、フロイトはひとつの実質《スユブスタンス》つまり彼がリビドーと命名している「流動＝霊的神話 mythe fluidique」(8)を呼びだすのです。

フロイトの実践

しかし、わたしたちがテクストから目を離さなければ、そこで彼が実際にやっていることがひとつの翻訳《トラデユクシオン》であることが分かるでしょう。この翻訳は、フロイトが一次過程《プロセッスユス・プリメール》という用語において想定した享楽《ジユイサンス》が、彼が実に巧みにわたしたちをそこへ導いてゆく論理の連鎖《デフイレ》のなかにこそ、本来的なかたちで存していることを証明するものです。

ずっと昔に、すでにストア学派の知恵《サジエス》が辿りついていたことですが、（これらの［21］ラテン語名詞をソシュール Saussure のように翻訳するなら）シニフィアンとシニフィエを区別するだけでよいのです。そうすれば、そこに $\frac{S}{s}$ 等価現象《フエノメヌ・デキヴアランス》の外観が把握され、フロイトにおいて、これらの等価現象がエネルギー理論の装置を描きだし得たことがもっともであると理解されるのです。

言語学《ランギユイステイツク》が打ち立てられるためには、思考の努力が必要です。つまりその対象であるシニフィアンによって言語学が打ち立てられることです。シニフィアンをそのものとして切り離すこと、とくにシニフィアンを意味から切り離すことに意を用いないような言語学者はひとりもいません。

わたしは記号《シーニュ》の側面について、それがシニフィアンとの連合《アソシアシオン》であることを強調するためにお話ししました。しかし、シニフィアンの対《バットウリー》がすでにラングのなかで与えられているという点において、シニフィアンは記号とは異なっています。

コードの話をすることは、したがって、意味を想定することとは折り合いません。

ラングにおけるシニフィアンの対は、意味の暗号《シッフル》しか提供しません。それぞれの言葉《モ》は、文脈に応じ、莫大で、統一性を欠いた意味の広がりを示しますが、この意味は、しばしば辞書のなかでその不規則さ《エテロクリット》が確認されるものです。

ラングは意味の条件である

構成された文章の個々の構成要素《マンブル》についても同じことです。たとえば「騙されぬ人々は彷徨う les non-dupes errent」といった文章です。わたしは本年度この文章で自衛《マルム》するのです。

確かに、ここでは文法がエクリテュールの支え台になっており、その分、文法はひとつの現実的なもの《アン・レエル》を証言しています。しかし、この現実的なものとは、周知のように、分析において擬似《プスド》‐性的《セクシュエル》な原動力《ルソール》が浮上しない限り、謎《エニグム》のままです。つまりこれは、相手《パルトネール》を欺くことしかできないまま、神経症《ネヴローズ》、倒錯《ペルヴェルシオン》、あるいは精神病《プシコーズ》によって、自らを刻印している現実界《ル・レエル》なのです。

対象（$a$）

フロイトがわたしたちに教えているように、《わたしは彼を愛さない《ジュ・ヌ・レム・パ》》は、反射逆転し《ス・レペルキュテ》ながら、その系列《セリー》のなかでかけ離れたものになるのです。

［22］実際、音素《フオネーム》から文章《フラーズ》にいたるまで、あらゆるシニフィアンが、暗号化された（個人的《ペルソネル》な、と戦争中のラジオはいっていた）メッセージの役割を果たし得るからこそ、シニフィアンは対象《オブジエ》として解き放たれ《ス・デガージュ》るのであり、また、だからこそ、この世界つまり話す存在《エートル・パルラン》の世界において、〈一〉部分《ドゥ・ラン》がある、すなわち、まず要素《エレマン》、ギリシア語でいえばストイケイオン στοιχεῖον がある、ということを成立させているのがこのシニフィアンであることが発見されるのです。

〈一〉のシニフィアンを設立するのにひとつのシニフィアンで充分か？

無意識のなかにフロイトが発見したことについて、わたしは先程、わたしが正しくいっているかどうか、フロイトの著作に当たるようにと促すことしかできませんでした。フロイトの発見とは、知《コネートル》るということが古くからよく知られた隠喩（ユング Jung が開発した意味の側面）を招きよせるものであるという理由で、概ね、知っていることのすべてに性的な意味を附与することができる、と気がつくようなこととはまったく別のことです。それは症候を成り立たせているもの、すなわちシニフィアンの結び目《ヌウ》を、実際に解けるようにする現実界《ル・レエル》なのです。結ぶ《ヌエ》とか解く《デヌエ》というのは、ここでは隠喩ではなく、シニフィアンという素材《マティエール》で鎖《シエーヌ》を形成することにより現実《レエルマン》に構築される結び目、として受け取られなければなりません。

というのも、これらの鎖は意味《サンス》の鎖ではなく、享受された意味《ジュイ‐サンス》の鎖だからです。この用語はシニフィアンの法《ロワ》を構成する多義性《エキヴォック》にしたがって好きなように書けばよいでしょう。

わたしはこれで、精神分析という正当な手段に、巷に流布している混乱したものとは異なる、ひとつの別の射程《ポルテ》を与えたと考えます。

# Ⅲ

［25］―　心理学者《プシコローグ》、精神療法家《プシコテラプット》、精神科医《プシキアートル》など、精神衛生《サンテ・マンタル》に従事しているすべての勤労者たちは、まさに底辺で、辛抱強く、世界の悲惨《ミゼール》のすべてを引き受けています《ス・コルティヌ》。他方、分析家《アナリスト》は？

―　あなたがいうように悲惨を引き受けるということは、悲惨を条件づけているディスクールのなかに――たとえそのディスクールに異議を唱える《プロテステ》という名目にすぎなくても――はいってゆくことであるのは、確かなことです。

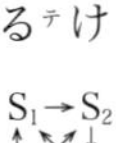

　このことをいうだけで、わたしの立場《ポジシオン》が決まります。――これを、政治を非難するものであると位置づける人もいるでしょう。わたしに関しては、そんなことは相手がだれであろうと論外です。

　ともかく、いかなる人であれ、精神医療に携わる人たち、あなたの想定している荷役《コルティナージュ》に専念している《サンプロワ》人たちは、異議を唱えるのではなく、協力しなければならないのです。このことを知っていようがいまいが、これが彼らのやっていることなのです。

　それは好都合《コモッド》だ、つまりこのディスクールという考え方は、判断《ジュジュマン》というものを、判断を決定しているものに帰着させるためにはとても好都合だ、とわたし自身にきわめて容易な反駁をおこなってみましょう。わたしの注意を引くのは、実際、[26] 人は、わたしに反論するだけのもっとうまい手段を見つけていないということです。要するに、人は主知主義《アンテレクチユアリスム》だというのです。だれが正しいのかを知ることが肝腎なのですから、それでは重みがありません。

この悲惨を資本家《キャピタリスト》のディスクールに関係づけることで、わたしはこのディスクールを告発《デノンス》しているのですから、なおさらそれでは重みがないのです。

ただ、わたしが本気で資本家のディスクールを告発することはできないということだけ申し上げておきましょう。なぜなら、このディスクールを告発すれば、わたしはこれを規範化《ノルメ》する、つまり完璧《ペルフェクシオネ》なものにすることになり、その結果、このディスクールを強化《ランフォルス》してしまうからです。

ここでひとつの考察を書き加えておきます。わたしはディスクールという考え方を無意識の外-在 ex-sistence の上に打ち立てているのではないのです。わたしは無意識の方をディスクールによって位置づけたのです——つまり無意識はあるディスクールに対してしか外-在 ex-sister しないからです。

フロイトのいうような無意識が外-在するのは、分析のディスクールに対してのみである、……

あなたはこのことをよく理解しておられるから、わたしが無駄な試みであると白状したこの企画《プロジェ》に、精神分析の将来についての質問をつけ加えたのでしょう。

ヒステリー症者のディスクールのなかでしか明確に証明されないだけに、なおさら無意識はディスクールによって外‐在するのです。他のいかなるところにもディスクールの接ぎ木《グレフ》しか認められないのです。そうです、どんなに奇妙《エトナン》に見えても、分析家のディスクールにおいてさえもそうなのです。そこでおこなわれているのはディスクールの栽培《キュルテユール》なのです。

ここで余談ですが、無意識は、人がそれを聴いている《オン・レクート》ということを前提としているのでしょうか。わたしの考えでは、然り《ウィ》です。しかし、無意識を外‐在させるディスクールなしでは、人が無意識を、思考せず、計算も判断もしない知《サヴワール》として評価することを、当然のことながら無意識は必然的には意味しないのです。思考せず、計算も判断もしないということは、無意識が(例えば夢のなかで)働くのを妨げるものではありません。いってみれば、これは理想的な労働者《トラヴァイユール・イデアル》だというわけです。マルクスMarxは、この理想的な労働者が、[27]主人のディスクールのあとを引き継ぐところを見たいと願い、この労働者を資本主義経済の華《フルール》であるとしたのです。そして、この引

……それより以前から人は無意識に耳を傾けていた、ただし別のもの《オートル・ショーズ》として。

それはひとつの労働する知である……

き継ぎは、予期せぬ形で、実際に起きたのです。これらのディスクールの問題には、おもいもよらぬことが含まれていますが、まさにそこに無意識の成せる業があるのです。

わたしが「分析の」といっているディスクールとは、分析の実践によって決定される社会的な絆《リアン》のことです。このディスクールは、わたしたちのために活動しつづけている様々な絆のなかで、最も根本的な絆の水準《オトウール》に置かれるだけの価値があります。

――しかし、分析家相互の社会的絆をつくっているものからは、あなた自身が締めだされているのではないですか……

――〈協会《ラ・ソシエテ》〉――国際協会と呼ばれてはいますが、その活動は久しく家族的《ファミリアル》なものに成り下がっており、これは少し眉唾物《フィクティフ》です――、この協会は、わたしがそれを知ったときには、まだフロイトの直系や弟子たちの掌中にありました。もし敢えていうならば――ただし、ここではわたし自身が審判者であると同時に当事者でもある、つまり身贔屓《パルチザン》であることを断っておきますが――、この協会は現在、反・分析的ディスクール互助会《ソシエテ・ダシスタンス・ミュテユエル・コントル・ル・ディスクール・アナリティック》、

SAMCDAであるといいましょう。
神聖不可侵《サクレ》なるSAMCDA！(9)

したがって、彼らは、自分たちを条件づけているディスクールについて、なにひとつ知ろうとはしないのです。しかし、それ《サ》によって、彼らがそのディスクールから締めだされたりはしません。それどころかその逆です。というのも、彼らは分析家として機能しているからです。つまり、彼らを使って《アヴェック》自らを分析をしている人たちがいるということです。

したがって、たとえディスクールの効果《エフェ》のあるものが、彼らによって無視《メコニュ》されているとしても、彼らはこのディスクールを果たしていることになります。[28] 全体的に見て、彼らは慎重さ《プリュダンス》を欠いてはいません。たとえこの慎重さが本物《ヴレ》ではないにしても、それ《サ》が良い《ボヌ》慎重さであることは可能です。

いずれにせよ、リスクがあるのは彼らのほうです。

では、そろそろ精神分析家の話をすることにして、寄り道はしないことにしましょう。どう寄り道したところで、結局はわたしがいおうとしているところにやってくるのでしょうけれど。

つまり、精神分析家を客観的に位置づけるには、昔、聖人である《エートル・アン・サン》、と呼ばれた在り方をもってするのが一番よいでしょう。

聖人というものは、一生をつうじて、ときに後光《オレオル》が彼に尊敬《レスペ》をもたらすことがあるにしても、人々に尊敬の念を起こさせるようなことはしません。

聖人が、バルタザール・グラシアン Baltasar Gracián の道《ヴワ》、つまりひんしゅくを買わないとする道にしたがえば、だれも聖人とは気づかないでしょう、——だから、アムロ・ドゥ・ラ・ウセー Amelot de la Houssaye は、彼が宮廷人《オム・ドゥ・クール》について書いているとおもい込んだのです[10]。

聖人というものは、わたしを理解していただくために申し上げるなら、慈悲《シャリテ》を施さないのです。むしろ彼は屑《デシエ》たろうとするのです。つまり、慈悲を奪《デシャリテ》うのです。これは、構造が強要していることを実現するため、すなわち主体に、無意識の主体に、聖人が自らの欲望の原因《コーズ》であると見做すことができるようにするためです。

（a）受肉した対象

問題の主体が、構造のなかで、少なくとも自分の位置を知る機会《シャンス》をもつのは、実際この欲望の原因の棄却作用《アブジェクシオン》によってなのです。聖人にしてみれば、それ《サ》はおもしろいものではありませんが、わたしは、この放送に耳を傾けている幾許かの人にとっては、それ《サ》が聖人の所為《フェ》のさまざまな奇妙《エトランジュテ》さと一致するものと想像します。

それ《サ》が享楽《ジュイサンス》の効果をもつのだということの意味《サンス》が、そこに享受される《ル・ジュイ》ものがあるのに、分からない人がいるでしょうか。ただひとり聖人のみが平然《セック》としているのです、彼にはまっぴらごめん《マカッシュ》なことなのです。それは、〔29〕一連の出来事のなかで、いちばん仰天させられることでさえあります。その近くに寄って、それを見間違うことのない人たちは、仰天させられるのです。つまり、聖人は享楽の残り屑《ルビュ》なのです。

しかしながら、時に、聖人は交替《ルレ》することもあります。しかし他の人以上に満足するわけではありません。彼は享楽します。彼はその間、機能していません。そうしている間も、邪悪な精《プチ・マラン》は、この機につけ入って再び力を盛り返そうと、彼を狙っているのです。しかし、聖人はそんなことは気にも留めません。また、そこに彼の報酬を見て取る人たちのことも気に留めたりはしないのです。そんなことは笑止千万です。

なぜなら、聖人は、配分的正義《ジュスティス・ディストリビューティヴ》もまた気に留めないというところから、しばしば出発しているからです。

実のところ、聖人は自分に徳《メリット》が備わっているとはおもっていないのです。これは彼に道徳《モラル》がないということではありません。他の人たちにとって唯一気がかりなのは、それ《サ》が聖人をどこまで運んでゆくのか見当がつかないということです。

　このわたしはといえば、それ《サ》のような新しい聖人たちが現われるようにと、夢中になって考えているのです。恐らくそれは、わたし自身がそこに到達できないからでしょう。

　人は、聖人であればあるほどよく笑います。これがわたしの原理《プランシップ》であり、さらには資本主義的ディスクールの出口《ソルティ》なのです。——もし、これが一部の人たちだけのものであるならば、このことは進歩《プログレ》とはならないでしょう。

# IV

［33］――二十年来、あなたは「無意識はひとつのランガージュとして構造化されている《ランコンシアン・エ・ストリュクテュレ・コム・アン・ランガージュ》」という定式《フォルミュル》を提唱してこられました。そして人はさまざまな形であなたに反対してきたのです。曰く《それらはただ――言葉《モ》、言葉《モ》、言葉《モ》にすぎない。それでは、言葉が関わってこないものについては、あなたはどうするのか。心的《プシシック》エネルギー、あるいは情動《アフェクト》、あるいは欲動《ピュルシオン》についてはどうなのか。》

――あなたはそこで、SAMCDAの人たちが、世襲財産《パトリモワンヌ》の風を装うときの態度《ジェスト》をまねしておられる。

というのも、ご存じのように、少なくともパリで、SAMCDAにおいて、人が栄養を受け取っている唯一の諸要素は、わたしの教え《アンセニユマン》に由来《プロヴィエンヌ》しているからです。わたしの教えはいたる処から浸透します。これは風《ヴァン》です。それ《サ》があまりに強く吹くときには北風《ビズ》になるのです。すると人は旧来の態度に戻り、〈会議《コングレ》〉で身を丸くして暖め合うわけです。

というのも、わたしが今日、こんな《サ》風にテレヴィでお笑い草にSAMCDAを引っ張りだすのは、あかんべ《ピエードゥーネ》をするためではないのです。フロイトがこの組織を着想したのも、明らかに、分析のディスクールを、この組織に遺産《レ》として伝《ゲ》えるためだったのです。［34］彼はその試練《エプルーヴ》が困難なものであることを知っていました。彼の最初の後継者たちの経験が、その点について彼に教訓を与えていたのです。

――まず、自然《ナテユレル》エネルギーの問題を取り上げましょう。

――自然エネルギー、それ《サ》は、ここでもやはり人が様々な観念《イデー》をもっているということの証明問題のための気球《バロン》になります。エネルギー、――エネルギーに自然と書いた吹き流し《バンドロル》を取りつけているのはあなた方です。なぜなら、彼らのいうことには、それが自然であるのは当たり前のこと《サ》なのですから。つまり、ダムがそれを貯えて有用なものにすることができる以上、それは消費するためにつくられたなにものかだというわけです。ただしエネルギーが自然なものであるというのは、ダムというもの《サ》が風景《ペイザージュ》のなかで景観《デコール》をつくっているからではありません。

ある《生命力《フォルス・ドゥ・ヴィ》》が、そこで消費されるものになり得るということ、これは粗雑な隠喩《グロシエール・メタフォール》です。なぜなら、エネルギーは実体《スユブスタンス》ではないからです。たとえば、古くなるにつれて、旨くなったり、酸っぱくなったりするようなものではないのです——、これは、物理学者が、研究《トラヴァイエ》し得るように、計算《カルキュル》のなかに見いださなければならないひとつの定数《コンスタント・ニュメリック》です。

研究するとは、ガリレイ Galilée からニュートン Newton にいたるまで、純粋に機械的《メカニック》な力学《ディナミック》によって培われてきたものに一致するような仕方で研究するということです。つまり、程度の差こそあれ適切に「物理学」——これは厳密に実証可能《ヴェリフィアーブル》なものです——と呼ばれているものの核《ノワイヨ》をなすものに一致するような仕方で研究するということです。

計算の組み合わせ以上のなにものでもないこの定数がなければ、——もはや〔35〕物理学はありません。物理学者たちは定数に配慮し、またエネルギー保存の原理を満足させる数値が導かれるように、質量《マッス》、場《シャン》および運動量《アンピュルシオン》相互の等価性《エキヴァランス》を操作《アランジュ》しているのだと考えられています。ひとつの物理学が、実証可能であることという要請を満足させるためには、さらに、人がこの原理を措定《ポゼ》し得るのでなければなりません。ガリレイがいったように、これは精神的経験の一事実《アン・フエ・デクスペリアンス・マンタル》なのです。あるいは、もっと正確にいうなら、システムは数学的に閉じていなければならないという条件は、システムが物理学的に孤立しているという仮定《スュポジシオン》にすら優先するのです。

これはわたしの独創ではありません。エネルギーがある恒常性《コンスタンス》の数値《シッフル》以外のなにものでもないということは、どんな物理学者でも明確な形で知っています。つまり、いつでも口に出し《プレ・タ・ス・ディール》ていえるのです。

ところで、フロイトが、無意識のなかで、一次過程として分節しているもの――それ《サ》、今度はわたしの独創ですがこれもフロイトの原著に当たればわかることです――、それは暗号化《ス・シッフル》されるものではなく、暗号を解《ス・デシッフル》かれるものです。わたしはそれが享楽《ジュイサンス》そのものであるといいましょう。その場合には、享楽はエネルギーを成さず、エネルギーとしては登録され得ないのです。

フロイトがそこで自らの力を試している第二の局所論の諸図式、たとえば有名なニワトリの卵などは、正真正銘の女性外陰部《プデンドウム》であり、もし人が〈父《ル・ペール》〉を分析するのであれば、それらの図式は分析を生むことでしょう。ところで、わたしは現実的〈父〉《ル・ペール・レエル》を分析することは除外《エクスクリュ》して考えており、〈父〉が想像的《イマジネール》なものであるときは、ノア Noé の外套《マント》(11)がより優《メイユール》れていると考えています。

享楽のエネルギー理論を打ち立てる手段はない。

[36] したがって、むしろ、わたしは科学のディスクールとヒステリーのディスクールを区別するものについて自問し、後者においてフロイトの仕事の

蜜《ミエル》を集めてみたのですが、彼の仕事は相当なものであったといわなければなりません。というのも、彼が発明したのは、思考せず、計算せず、判断もしないという蜜蜂の仕事なのであり、つまり、現にここで、すでにわたしが指摘したようなものだからです、――とはいうものの、結局のところ、これはおそらく、フォン・フリッシュ von Frisch が蜜蜂の仕事について考えているようなものではないのです。

わたしは、科学のディスクールとヒステリーのディスクールは、ほとんど《プレスク》おなじ構造をもっていると結論します。このことは、科学の将来において、フロイトの死後、無意識を説明するような熱力学《テルモディナミック》が出てくるのをフロイトがわたしたちに示唆しているように期待することが、過ち《エルール》であるということを説明するものです。

四分の三世紀を経た今、そのような約束を示すどんな些細な兆候も現われてはいないばかりか、ダニが犬の毛皮に取りつくようにわたしたちは魂に執着している、ということのほかにはなにも証明しないような（快感《プレジール》の、といわれるべき）原則に一次過程を背負わせてしまう考え方は後退しているとさえいえます。というのも、この有名な最小限の緊張《モワンドル・タンシオン》というのは、フロイトはこれによって快感を分節しているのですが、アリストテレスの倫理学でな

$$\frac{\$}{a} \rightarrow \frac{S_1}{S_2}$$

〈善辯《ビヤンディール》〉は〈善《ビヤン》〉がどこにあるか語らない。

くて、ほかになんだというのでしょうか。

これは、エピキュリアンたちが看板に掲げていたのとおなじ快楽主義《エドニスム》ではあり得ません。今日、精神主義《プシシスム》しか意味しないであろうこの看板によって、豚《プルソー》の名で侮辱されていたからには、エピキュリアンたちは、守らなければならないなにかとても大切なもの、ストア学派の人たちよりも秘密なものをもっていたにちがいありません。

［37］いずれにしても、わたしはニコマコス Nicomaque とエウデモス Eudème だけ、つまりアリストテレスだけに的を絞り、精神分析の倫理《エティック》をそこから峻別しようとしたのです、——この精神分析の倫理の道を切り開くのに、わたしは丸一年かけたのです。

わたしが無視しているとおもわれている情動《アフェクト》の話も、これとおなじことです。

ただ、次の点については、わたしに返答していただきたいのです。情動、それ《サ》は身体に関わりがあるのか。アドレナリンの放出《デシャルジュ》は身体によるものなのかどうか。それ《サ》が身体の諸機能を乱すということ、これは事実《ヴレ》です。しかし、どのような点で、それ《サ》は魂に由来するのでしょうか。それ《サ》が放出してい

世界にはいかなる存在の調和もない……

……その存在が話すのであれば。

るのは思考なのです。

そこで「無意識はひとつのランガージュとして構造化されている」というわたしの考えによる方が、情動はそこからもっと優れた秩序《アランジュマン》が生じてくるひとつの喧騒《ルミユーメナージュ》であると表現される考えよりも、もっと確実に情動を実証《ヴェリフィエ》することができるのではないか、吟味される必要があります。なぜなら、人がわたしに対置しているのは、それ《サ》だからです。

わたしが無意識についていっていること、これは、情動が、焼き上がったヒバリのロースト《アルエット・デジャ・ロティ》のように、棚ぼた式に十全な《アデクワ》形であなた方の口《ベック》の中に降ってくるのを待っていることよりも、先に進んではいないでしょうか。このアデクアチオ *Adaequatio* は、さらに滑稽《ブフォンヌ》です。というのも、ここでは、レイ *rei*[12]——「もの」の——をアフェクトゥス *affectus*——情動、これによって「もの」が然るべき場所に納められる——に結びつけて、すでに一杯になっているところへさらに注ぎ込むということをしているのですから。医者たちがそれ《サ》を産みだすためには、今世紀をまたなければならなかったのです。

わたしにしてみれば、フロイトが、〔38〕抑圧《ルフルマン》に関する一九一五年の論文、あるいは抑圧を再び取り扱っている他の論文のなかでいっていることを復元《レステイテユエ》したにすぎません。つまり、情動は移動《デプラセ》されている、ということです。もし、表象《ルプレザンタシオン》による以外にはうまくそこに現われないということによって想定される主体を介するのでなければ、この移動《デプラスマン》はどのように判断されるというのでしょうか。

わたしは、フロイトのように、主体をピン留め《エパングレ》するために、彼のいう《帯《バンド》》をつかってこのことを説明します。というのも、わたしもまた同じものを問題にしているということを、どのみち認めなければならないからです。ただ、いっておきたいのは、わたしはフリース Fliess とのあいだで交わされた彼の書簡（唯一手に入る削除版の書簡集）を頼りに、次のことを証明したということです。つまり、特別に抑圧された、表象と呼ばれているものは、まさに構造、しかもまさしくシニフィアンの公準《ポステユラ》に拘束された構造だということです。五十二番の書簡[13]を参照してください。この公準はそこに書かれています。

わたしが情動を無視しているといって、これを得意になっていい立てるとは、サン‐タンヌ Sainte-Anne での最後の一年間、わたしが不安《アンゴワッス》を取り扱ったことを考えてもみないで、どうしてそのようなことが主張できるので

身体にとって換喩は常《ドウ・レーグル》である……

……というのも思考の主体は隠喩化されているのだから。

しょうか。

一部の人たちは、わたしが不安を位置づけた配置図《コンステラシオン》を知っています。動揺《エモワ》、妨害《アンペシュマン》、困惑《アンバラ》はそれ自体として区別されたもので、わたしが情動《アフェクト》というものを蔑ろにしていないことを充分証明しています。

SAMCDAで研修中の分析家が、サン－タンヌでわたしのセミネールを聴講することを禁じられていた、というのは事実《ヴレ》です。

わたしはそのことを遺憾にはおもいません。わたしはその年、不安を、それが関わる対象 objet によって基礎づけることに、とてもうまく、わたしの仲間たちを専念《アフェクテ》させました——不安は対象をもたないどころではありません（たかだか不安を恐怖《プール》から区別することしかできなかった心理学者たちは、いまだそこにとどまっているのですが……）——つまり不安をアブジェ abjet によって基礎づけることです。〔39〕今は、むしろ、わたしのいう対象（*a*）を示すために、これをアブジェといいましょう。この試みがとてもうまくいったので、仲間の一人が、目が眩んで（抑制された目の眩み）、わたしをこの対象のように失墜《レッセ・トンベ》させようとしたほどです。

情動を、わたしの意見《ディール》をもとに再考してみることは、いずれにせよ、かつて情動についていわれた確かなことへと立ち返ることになります。

聖トマス saint Thomas は、より的確に、これらの情動《アフェクト》を情　念《パッシオン・ドウ・ラーム》と呼んでいるのですが、これらの諸情念を切り取ること《レセクシオン》、プラトン Platon 以来おこなわれているように、身体に応じて、これらの情念《パッシオン》を切り取ること——頭、心臓さらにはプラトンのいうエピテュミア ἐπιθυμία つまり超心臓 スュルクール など——、このような切り取りだけでもすでに、情動に接近するには、わたしが構造によってしか作用を受け《アフェクテ》ないといっている身体に従わざるを得ないということを裏づけてはいないでしょうか。

この効果《エフェ》のなかで優勢である無意識的なものに対して、どちらの側から確かな展開《スュイット・セリユーズ》が与えられ《ス・ドネ》るのかを示しましょう。ただし、この確かな展開というのは、系列的な連続《スュイット・セリエル》として理解されなければなりませんが。

たとえば悲しみ《トリステス》を、人は抑　鬱《デプレッシオン》と呼び、媒体《スュポール》として、それに魂を与えたり、哲学者ピエール・ジャネ Pierre Janet のいう心理学的緊張《タンシオン・プシコロジック》を与えたりします。しかし、これはひとつの心理状態《エタ・ダーム》ではなく、ダンテ Dante やスピノザ Spinoza が表明したように、単純にひとつの道徳的な過ち《フォット・モラル》なのです。すなわち、ひとつの罪《ペシェ》、つまりひとつの道徳的な怯え《ラシュテ》なのであり、この罪は最終的に思考によってしか、つまり善　辯《ビヤン・ディール》(15)の当　為《ドウヴワール》、あるいは、無意識のなかで構造のなかで自らの位置を知ることの当為によってしか位置づけられないのです。

　そして、無意識の拒絶《ルジェ》であるこの怯えが、すこしでも精神病《プシコーズ》に移行することによって生じること、それはランガージュから放逐《ルジュテ》されたものの現実界への回帰《ルトゥール・ダン・ル・レエル》です。躁病性興奮《エクシタシオン・マニアック》の場合、この回帰は致命的《モルテル》なものになります。

[40] 悲しみとは反対に、悦ばしき知 gay sçavoir(16)がありますが、これはひとつの徳《ヴェルテュ》です。徳はだれの罪も赦してはくれません、——その罪は、各人が知っているように原罪《ペシエ・オリジネル》です。わたしが悦ばしき知によって示している徳は、その模範であり、徳がどういうものなのかを表明《マニフェステ》しています。すなわち徳は、理解すること、つまり意味《サンス》のなかに突進することにあるのではなく、できるだけ意味に近づいて、ただし意味が鳥黐《とりもち》のように徳に貼りつくことがないように、意味をかすめて飛ぶ《ラゼ》こと、そのために暗号解読を享受することです。これは悦ばしき知が、最後には失墜《シュット》し、罪へと回帰するほかはないことを意味しています。

　それ《サ》のすべての、どこに好運《ボン・ヌール》(17)をなすものがあるのでしょうか。厳密な意味でいたるところ《パルトゥ》にあります。主体は幸福《ウルー》なのです。これは主体の定義《デフィニシオン》

〈善辯〉の論理しかない、……

……無－意味の知しかない。

ですらあります。というのも、主体は運《ウール》に対するほかは、いい換えれば運命《フォルテュンヌ》に対するほかは、どんな義務も負わないのですから。また、主体を維持するものにとって、つまり主体が反復《ス・レペット》されるためには、どのような運も好《ボン》いものなのですから。

驚くべきことは、主体が、自分を幸福へと追い込んでいるもののことを、つまり自分が構造に依存しているということを、考えてみることもなく幸福でいる、ということではなく、主体が至福《ベアティテユード》という考えを抱いているということです。この考えは、嵩じて、主体に自分がその至福から追放《エグジレ》されていると感じさせるまでになるのです。

幸いなことに《ウルーズマン》、これについて、わたしたちには秘密を明かしてくれる《ヴァンドル・ラ・メッシュ》詩人《ポエット》がいます。つまり、今挙げたダンテやその他の人たちのことです。ただし、古典主義《クラシシスム》でへそくり《カニョット》を貯めている淫売詩人《ルリユール》たちは除外します。

ひとつの眼差し《ルガール》、ベアトリーチェ Béatrice の、それもほんの僅かの《トロワ・フォワ・リヤン》眼差し、瞬きひとつ、そして、そこから生じる甘美な残滓《デシエ・エクスキ》。するとそこに、彼女自身の享楽にしか同一化《イダンティフィエ》してはならない〈他者《オートル》〉が生じるというわけです。ダンテはその享楽を満足させる《サティスフエール》ことができません。というのも、彼は、彼女から、この眼差し、[41] この対象しか得られないのですから。しかし、その

（*a*）との《ランデヴー》において、……

……もしこれが女の享楽なら、……

享楽について、彼はわたしたちに、神がそれを満たす《コンブル》のだと明言《エノンス》します。すなわち、彼はわたしたちに、まさに彼女自身の口から享楽の保証《アスユランス》を得よ、とそそのかしているのです。

……〈他者〉は外-在を獲得する、……

わたしたちにおいて、これに答えるものは憂鬱 ennui です。この言葉から、そのなかの文字たちを映画みたいに踊らせ、ふたたび一列に戻るのをまって、わたしは「結《ゆ》う一《いつ》 unien」という用語を再合成《ルコンポゼ》しました。この用語で、わたしは〈他者〉の〈一《アン》〉への同一化《イダンティフィカシオン》を示します。わたしは次のようにいいましょう。すなわち、これは神秘的《ミスティック》な〈一〉なのです。そして、滑稽《コミック》ものの「小文字の他者」——これはプラトンの『饗宴 Banquet』において突出部《エミナンス》をなすもので、その名はアリストファネス Aristophane です——は、その神秘的な〈一〉の露骨な等価物《クリュ・エキヴァラン》を、双背獣《ベッツータードゥード》としてわたしたちに示しているのです。この双背獣の切り離しの責任を、アリストファネスは、それとはなんの関係もないジュピター Jupiter に押しつけています。これはとても下品《ヴィラン》なことで、わたしがすでにいっているように、そんな《サ》ことはしないものです。人は現実的〈父〉を、このような不作法《アンコンヴナンス》なことに巻き込んではなりません。

……しかし〈一〉の実質は獲得しない。

いずれにしても、フロイトもまたそこに落ち込んでいることは事実です。

なぜなら、彼がエロスErosを《生命《ラ・ヴィ》》の原理としてタナトスThanatosに対峙させる限り、彼がエロスに負わせているのは「結合する《ユニール》」という働きだからです。これではまるで、束の間の交接《ブレーヴ・コイテラシオン》を別にすれば、二つの身体が結合して一つになるのを、人は一度も目撃したことがない、というようなものです。

こうして情動は、ひとつの身体のもとへやってきます。この身体の特質《プロプル》はランガージュに住まう《アビテ》ということでしょう、――ここでわたしは、わたしより多くの著書を売る人(18)の筆をまねているのです――、というのも、情動というものは宿を、少なくとも自分の好みにあった宿を、見つけることができないからです。人はそれ《サ》を、陰鬱《モロジテ》、あるいはまた不機嫌《モヴェー・ズユムール》と呼んだりします。それ《サ》は、ひとつの罪《ペシエ》、一抹の狂気《アン・グラン・ドゥ・フォリー》でしょうか、あるいはまた現実界の真の感触《ヴレ・トゥシュ》でしょうか。

おわかりでしょうが、情動を転調する《モデュレ》ために、SAMCDAの人たちは
[42] わたしの安ヴァイオリン《クラン－クラン》を使えばよかったのです。おそらくそれ《サ》は、彼らに、ぽかんと空を眺めて《バイエ・オ・コルネイユ》時を過ごすよりも、もっとましなことをさせてくれたことでしょう。

なぜならシニフィアンの連鎖においては《なにものもすべてではない》のであり、……

……情動は不調和であり、……

あなたが、人がわたしのディスクールから身を守るこれらの曖昧な態度《ジェスト・ヴァーグ》のなかに欲動《ピュルシオン》を理解しておられるのは、わたしをあまりに優遇しすぎる《ム・フェール・ラ・パール・トロ・ベル》というもので、わたしはあなたに感謝することができません。というのも、わたしの第十一回セミネールを完全な筆致で書き留めたあなたは、わたしをおいてほかにだれが、なんであれ《コワ・ク・ス・スワ》、それについて語る危険を冒すことができたのか、よく知っているからです。

初めて、とくにあなた方のところで、わたしは陰鬱《モローズ》ではない人たちに聴かれていると感じました。すなわち、わたしがあなた方の聴講《オーディアンス》にめぐり合えた場所にわたしを呼んでくれた当の人物さえ、わたしが〈一〉を〈他者化 Autrifier〉しているとまっしぐらにおもい込んでしまったのですが、彼らはそのようには理解しなかったのです。

この第十一回セミネールの、六、七、八、九、それに十三、十四章を読んで、**欲動** *Trieb* を本能 instinct と訳さないことでなにが得られるか、そして、**欲動** *Trieb* を偏流《デリーヴ》と呼ぶことで、この欲動 pulsion をできるだけ子細に検討し、フロイトに即して、その偏倚《ビザルリー》をまず分解《デモンテ》し、そして組み立て直すことによってなにが得られるか、身をもって知ることのない人がいるでしょうか。

……そして欲動は偏流するのだから。

そこでわたしのいっていることを読みすすめるならば、科学の実験《エクスペリマンタル・ドゥ・ラ・シアンス》というものを構成している〈一〉によってそのつど位置決めできる定数《コンスタント》としてのエネルギーと、確かに享楽ではあるが、身体の縁《ボール・コルポレル》——わたしはこれの数学的形式を示そうとしていたわけですが——からしか自らの永続性《ペルマナンス》を得ることのない欲動の衝迫 *Drang* もしくは心迫《プセ》との間に、違いを感じ取らない人がいるでしょうか。この永続性は四重の審級《クワドリユプル・アンスタンス》のみで構成され、その審級のなかの各々の欲動は［43］他の三つの欲動と共存する《コエグジステ》ことによって維持されています。これら四つの欲動は、パートナーとなるのに性だけでは不充分な人たちに対し、潜勢力《ピュイサンス》としてのみ、備えられるべき解離《デズユニオン》へと導くのです。

確かに、わたしはそこでは神経症、倒錯、精神病が区別されるような欲動の応用はしていません。

わたしはそれを別のところでやっています。要するに、無意識が自らの足跡を逆に辿り直す道をそこに切り開く迂回路《デトウール》以外には決して従わないようなやり方です。ハンス少年 petit Hans の恐怖症、わたしはこれがそれ《サ》であることを示したのですが、そこでハンスはフロイトと自分の父親を歩き回らせていたのです。しかし、わたしがそのことを示して以来、その同じところ

同様に我は我にとって汝がなんであるかをいうことができない。

で、分析家たちは恐れを抱いているのです。

# V

〔47〕― 世間にはこんなことを吹聴する声もあります。つまり、わたしたちがこんなにもうまく享楽できないのは、性に対する抑制《レプレッシオン》があるからであり、これは第一に家庭《ファミーユ》、第二に社会《ソシエテ》、そしてとりわけ資本主義《キャピタリスム》にその責任がある、というものです。これは検討すべき問題《ラ・ケスチオン・ス・ポーズ》です。

― それ《サ》はひとつの質問《ケスチオン》です――あなたの質問に関してわたしは話をしているので、そのまま聞いていたのですが――、自分自身がどう答えたらいいのか機会があれば知りたい、というあなたの欲望によって、この質問は理解され得るでしょう。すなわち、もしその質問が、あなたに対して、ある人物からというより、むしろある声《ヴォワ》によってなされていたら、つまり、テレヴィからやってくるというふうにしか理解されない声、なにも語らないがゆえに外-在することのない声、然るに、わたしは、このような声の名において、解釈《アンテルプレタシオン》であるこの返答《レポンス》を外-在させているのですが、このような声によってあなたにその質問がなされていたら、この質問はあなたの欲望によって、理解され得ることでしょう。

有り体にいえば、わたしがすべてに対して返答をもっていることをあなたは**知っている**《サヴェ》のであり、そのことによって、あなたはわたしに質問を

$$\frac{a}{S_2} \to \$$$

貸与《プレテ》しているのです。つまり、あなたは、人は金持ちにしか金を貸さない《オン・ヌ・プレット・コ・リッシュ》、という諺を頼みにしておられるのです。正当にも《アヴエック・レゾン》。

わたしが一財産《フォルテュンヌ》築いたのは分析のディスクールによってであるということを知らない人がいるでしょうか。この点において、わたしは［48］「独力で成功した人間 *self-made man*」なのです。そういう人間は他にもいましたが、現代にはいません。

フロイトは、抑圧《ルフルマン》は抑制《レプレッシオン》に由来する《プロヴィエンヌ》とはいっていません。つまり（イメージを与えるためにいうなら）去勢《カストラシオン》は、〈パパ〉が、自分のおちんちんをいじっているおちびさんに《今度それ《サ》をやったら、それをちょんぎってしまうぞ。本当だぞ。》といって脅かすことに起因するとはいっていないのです。

しかしながら、そこから出発して経験へと向かうという考え、それ《サ》がフロイトの脳裏に閃いたのはとても自然なことです、——ここでいう経験は、分析のディスクールにおいてその経験を規定しているもの、によって理解されなければなりません。要するに、その研究を進めていくうちに、彼は抑圧が第一義的なもの《プルミエ》であるという考えに傾いていったということです。このことは、全体として、第二の局所論《ラ・スゴンド・トピック》という秤《バスキュル》を構成しています。フロイトが

原抑圧

超自我《スユルモワ》を明示するためにもちいた「大食《グルマンディーズ》」というのは構造的《ストリユクテユラル》なものであって、文明の結果《エフェ》なのではなく《文明における不快（症状）malaise (symptôme) dans la civilisation》なのです。

したがって、抑制を生じさせるのが抑圧である、ということから問題に立ち返るのが道理なのです。どうして、家庭あるいは社会自体が、抑圧によって構築された創造物《クレアシオン》ではないということがあるでしょうか。まさしくそのとおりなのです。しかし、それ《サ》は、無意識が構造によって、すなわちランガージュによって、外－在し、動機づけられているということによって可能なのでしょう。フロイトはこの解決法をまったくといってよいほど放棄しなかったからこそ、これに決着をつけるために、彼は狼男《オム－オ－ル》の症例に猛然と立ち向かっ《サシャルヌ》たのです。ただし、この男はそういう決着にはむしろ不満でした。それでもなお、この失敗《ラタージュ》、つまり症例選択の失敗は、彼の成功に比べれば、取るに足らないようにおもわれます。この成功とは、諸事実《フェ》における現実的なもの《ル・レエル》を打ち立てた成功です。

［49］この現実的なものが謎《エニグマティック》のままであるとしたら、それじたいが制度《アンスティテユシオン》であるということで、分析のディスクールにこの現実的なものを帰属させる《アトリビユエ》べきでしょうか。

そうなると、性欲《セクスユアリテ》を究明するためには、科学の草案《プロジエ》のほかにはまったく頼るものがないことになります。というのも性科学《セクソロジー》は、その目的においても、依然として草案の域に留まっているからです。草案とはいえ、フロイトはこれに信頼を置い《フゼ・コンフィアンス》ていたことを強調しています。また、信頼とはいっても、根拠のない《グラテュイット》ものであることを彼は認め《アヴ》ており、このことが、彼の倫理《エティック》を雄弁に物語っているのです。

愛のなかの新しいもの

然るに、分析のディスクールはあることを約束してくれます。つまり、新しいもの《デュ・ヌヴォー》をもたらすということです。しかも、法外なこと《ショーズ・エノルム》ですが、無意識が生じてくる領野《シャン》のなかに、それをもたらすのです。というのも、無意識の袋小路《アンパス》は、とりわけ、いやむしろ、まず最初に、愛《アムール》のなかで明らかになるものだからです。

しかし、巷をめぐるこの新しいものをすべての人が知っているわけではない、ということでもありません――、ただ、これはだれも目覚めさせないのです。その理由は、この新しいものは超越的《トランサンダン》だからです。この超越的という言葉《モ》は、数論《テオリー・デ・ノンブル》においてこれを表わす記号《シーニュ》とおなじものとして、すなわち数学的に《マテマティックマン》受け取られなければなりません。

そのことからして、この新しいものが転－移 trans-fert という名で受け入れられているのは、理由のないことではありません。

わたしの仲間たちを目覚めさせるために、この転移を、わたしは《知っていると想定された主体《スユジエ・スユポゼ・サヴワール》》によって分節《アルティキユレ》します。するとそこに、転移という名が漠然としかピン留め《エパングレ》していないものの説明《エクスプリカシオン》や展開《デプリマン》が生じます。すなわち、転移を介して主体は知っていると想定され、主体はこの知によって無意識の主体として成立するのです。そして、まさにこれが分析家の上に転移されるもの、すなわち、考えも、計算も、判断もしないが、それでも作業の効果《エフエ・ドウ・トラヴアイユ》をもたらすものとしての、あの知なのです。

[50] この疏通《フレイヤージユ》、それ《サ》は、それ《サ》が値するものに値します。しかし、これではまるで、わたし一人で笛を吹いている《フリユテ》ようなものです、……それどころか、まるでわたしが、恐怖《フルツス》を、彼らに食らわせている《フテ》ようではありませんか。

SAMCDAなる単純さ《シンプリキタス》。(19) 彼らには勇気が、それ《サ》が通じているところへ近寄ってゆく勇気がないのです。

とはいうものの、わたしが苦労していないということではありません。わたしは《分析家は、自らを、自らに拠ってのみ権威づける l'analyste ne

$$\frac{a}{S_2}$$

s'autorise que de lui-même》と声高にいいましょう。わたしは、わたしの〈学派《エコール》〉において《パス》を制定しています。すなわち、分析主体 analysant に、分析家 analyste であると自任する決心をさせるものについての試験です、——といっても、これは誰にも強制はしていません。それ《サ》がまだ目標に届いていないことを、わたしは認めなければなりません。しかしながら、わたしたちはそれに取り組んでいます。それに、わたしの〈学派〉はそんなに古くからやっているわけではないのです。

　とはいうものの、わたしの〈学派〉以外のところで、人が転移を送り手に差し戻すのをやめればよい、と期待しているわけではありません。これは患者の属性《アトリビュ》であり、その操作《マニマン》においてよりも、まず第一にその評価《アプレシアシオン》においてわたしたちに慎重さを命じ、そうすることによって、初めてわたしたちに届くようなひとつの特異性《サンギュラリテ》なのです。操作において、人は自分たちのやり方に甘んじています。しかし評価において、わたしたちはどこへ向かうことになるのでしょうか。

　わたしに分かることとは、分析のディスクールは一人だけでは支え切れないということです。幸運《ボヌール》にも、わたしには後についてきてくれる人たちがいます。したがって、ディスクールにもそのようなチャンスがあるわけです。

ディスクールの超限性《トランスフィニ》

どのような騒ぎも、――これもまた分析のディスクールによって惹き起こされるのですが――、分析のディスクールが性につきまとう不運《マレディクシオン》について証明しているものを取り除くことはできません。この不運とは、フロイトが彼の『不快《マレーズ》』のなかで言及しているものです。

性に関する〈善辯〉の不可能、……

愛の《神的《ディヴァン》》接近《アボール》に関して、すでに憂鬱、さらには陰鬱の話をしたのですから、[51]抑制のない関係に身を捧げている若者たちにおいて、――彼らの発言やさらには行動からも――、これら二つの情動《アフェクト》が露になっているのを無視することはできません。しかし、驚いたことに、このようにして若者たちの動機づけとなっている分析家たちが、彼らにたいして仏頂面《ブッシュ・パンセ》をしているのです。

たとえ家庭での抑制についての記憶が真実《ヴレ》ではないとしても、それらの記憶は創り出さなければならないでしょうし、また、必ず創り出されるものなのです。神話《ミット》がそれ《サ》です。これは、構造から生じるものに叙事詩《エピック》の形式を与えようとする企て《タンタティヴ》なのです。

……それは構造的なものである、……

性的な袋小路《アンパス》は、それが由来する不可能《アンポシーブル》を合理化《ラシオナリーズ》する虚構《フィクシオン》を分泌《セクレット》するのです。わたしはそれらの虚構を、想像《イマジネ》されたものとはいいません。わたしはそこに、フロイトのように、それらを保証している現実界への誘《アンヴィタシオン》いを読み取っているのです。

家庭の秩序というものは、〈父〉は種主《ジェニトゥール》ではなく、〈母〉は子供の男《プティ・ドム》にとっての女を汚染しつづけている《レスト・コンタミネ・ラ・ファム》、ということを表現しているにすぎません。その他のことはそこから生じてくるのです。

……エディプス神話を読むこと。

といっても、わたしは、この男の子における秩序好《グ》みを、つまり《個人的には（原文のママ）ぼくは無秩序《アナルシー》が大嫌いだ》といういい方で明言しているような秩序好みを評価しているのではありません。秩序というものの特性は、どんなに微かであっても、それがあるところでは味見《グテ》してみる必要はないということです。というのも、秩序はすでに成立《エタブリ》しているのですから。

これは、すでに、どこかで、好運《ボン・ヌール》によって、起こったことです。これは、ひとつの自由の芽生えに対してすら、それ《サ》は都合よく働かないのだということを証明するのに、辛うじて好い運《ウール・ボン・トゥ・ジュスト》なのです。これは、ふたたび秩序に置かれた資本主義です。したがって、性にとっては《オ・タン・プル》、初めからやり直し《ル・セックス》です。というのも、実際、資本主義はそこから、つまり性をお払い箱にすることから出発しているからです。

あなた方は極左主義《ゴオシスム》にのめり込みましたが、〔52〕わたしの知るかぎり、性的《セクソ》－極左主義《ゴオシスム》にはそうではありません。というのも、後者は、いまのところ外－在するという形で、分析のディスクールに依存するほかないからです。それは、性につきまとう不運《マレディクシオン》を倍にするだけで、うまく外－在していません。このようなことから、性的－極左主義が、わたしが善辯《ビヤン－ディール》によって位置づけたこの論理を恐れていることが見て取れるのです。

― そうすると、セックスする《フェール・ラムール》ことを学ぶということについては、精神分析からはなにも期待すべきものがないということを認めるだけになってしまうのではありませんか。そういうことなら、人々の期待が性科学に向けられるのも納得がゆきます。

― 先程わたしがほのめかしたように、なにも期待すべきものがないのは、むしろ性科学の方です。わたしたちにとって明々白々なこと、つまり倒錯を観察しても、なにひとつ新しいものを愛のなかに築くことはできません。

逆に、神《ディユ》はとてもうまく外－在したので、だれも「そこ」に、なにひとつ聞き取ることなく、異教徒《パガニスム》たちは、世界中に神を住まわせたのです。わたしたちが戻ろうとしているのは「そこ」なのです。

　神様のおかげです《ディユ・メルシ》！　と人はいうところでしょうが、たとえば「道《タオ》」におけるように、もっと思慮深い《サンセ》人たちがいたことを、別の伝統がわたしたちに保証してくれています。残念なのは、彼らにとって意味《サンス》を成していたものが、わたしたちには届かないために、わたしたちの享楽を冷たいままに放置《レッセ・フロワッド》していることです。　知恵《サジエス》？

　しかし、心配するには及びません。わたしがいったように、〈道《ヴワ》〉は〈記号《シーニュ》〉を経由するのですから。もし、記号において袋小路が証明されるならば、——わたしはこれを、証明されることで保証される《サスユール・ア・ス・デモントレ》、とうまくいいましょう《ディ・ビャン》、——わたしたちが[53]〈道〉の純然たる《ピュール・エ・サンプル》現実界に触れるチャンスがそこにあるのです、——これは、〈道〉の真理のすべて《トゥット》を語ることを妨げているものとしての現実界です。

　このように考えるのでなければ、愛の「か-み-たり di-eu-re」[20]はあり得　「神《ディユ》」は「語り《ディール》」。ないでしょう。その複合体《コンプレックス》は、ねじれる《ス・フェール・トルデュ》ことによってしか、口にされ《ス・ディール》得ないのです。

——あなたは若者たちに、あなたのいう「仏頂面《ブッシュ・パンセ》」をなさってはおられない。それは確かです、というのもあなたはある日、(21) ヴァンセンヌ Vincennes で、彼らに向かって《革命家として、君たちは指導者《メートル》を渇望している。その指導者は現われるだろう。》とおっしゃったからです。結果として、あなたは若い人たちを落胆《デクラジェ》させています。

——彼らは当時の風潮にしたがってわたしを困らせていたのです。わたしにははっきりした態度をとる必要がありました。

本当にはっきりしていたために、それからというもの、彼らはわたしのセミネールに押し寄せてくるのです。要するに、棍棒《トリク》よりも、わたしの静穏《ボナス》のほうが気に入っているというわけです。

——他方、人種差別《ラシスム》の高まりを予言《プロフェティゼ》なさっているその確信《アスユランス》はどこからくるものなのですか。また一体どうしてそんなことをおっしゃるのですか。

——なぜなら、そのことはわたしには愉快《ドロール》なこととはおもえないからです。そして、それにもかかわらず、これが真実《ヴレ》であるからです。

わたしたちの享楽が彷徨っているとき、それを位置づけることができるのは、〈他者〉だけです。しかし、それはわたしたちが〈他者〉から引き離されている限りにおいてです。ここから、幻想《ファンタスム》が、人が〈他者〉に関わる以前には未生《イネディ》であった幻想が生じるのです。

［54］この〈他者〉を、それ自身の享楽の様式《モード》にまかせておくということは、わたしたちの様式を〈他者〉に押しつけたり、〈他者〉の様式を低開発《スウーデヴロツペ》と見做したりしないことで、初めて可能になるでしょう。

そこへ、わたしたちの様式、つまりそれ以来、「極《きょく》－楽《らく》 le plus-de-jouir」によってしか位置づけされず、またこれ以外にはもういい表わしようがない、わたしたちの様式の儚《プレカリテ》さをそこに加味するのであれば、わたしたちの掠奪《エグザクシオン》が身に纏っている偽りの博愛主義《ユマニテールリー・ドウ・コマンド》が長続きすることなど、どうして期待できるのでしょうか。

神が、そこから再び力を回復して、ついに外－在したとしても、それは《サ》せいぜい、神の災い多き《フュネスト》過去の回帰《ルトウール》を告げているにすぎないのです。

# VI

[57] ― カントKantは、彼自身が《わたしたちの理性の関心》と呼んでいるものを、三つの問題に要約して挙げています。彼の第一〈批判《クリティイック》〉の〈規準《カノン》〉を参照していただきたいのですが、すなわちこれは、「わたしはなにを知り得るか」、「わたしはなにをなすべきか」、「わたしにはなにを希望することが許されているか」というものです。ご存じのこととおもいますが、この言葉《フォルミュル》は、中世の聖書注釈学《エグゼジエーズ》に、正確にはアゴスティノ・ドゥ・ダシAgostino de Dacieに由来するものです。ルターLutherはこれを引用して、批判しています。そこで、あなたに練習問題《エグゼルシス》を、わたし《ジュ》は提案《プロポーズ》いたします。今度はあなたが、これらの問いに答えるか、あるいは、これらに文句をつけていただきたいのです。

―《わたしを聞いている人たち》という言葉《テルム》は、その言葉が関わっている当の耳《オレイユ》には、あなたの質問がこれらの耳に響くのとは違った語調《アクサン》で明らかになっているはずです。このために、これらの耳には、わたしのディスクールが、あなたの質問にどれほど不釣り合いであるか分かってしまうほどです。

それに、たとえ仮に、これらの耳が、わたしに対してだけ、このような効果を発揮するのだとしても、この効果は依然として客観的《オブジェクティフ》なものです。というのも、この効果がこのディスクールから落ちてくるように、これらの耳は、このわたしを対象《オブジェ》にするのだからです。このために、これらの耳は、このディスクールがあなたの質問を除外していると聞き取ってしまうほどです。［58］わたしがこのディスクールを進めているとき、わたし《ジュ・ム》が脳みそを搾って《カッス・ラ・テット》いることがらについて、わたしを正しいと認めるように、うまくこと《ラ・ショーズ》が運んでいるのです（わたしにとっては二次的な《それは真実だ《イ・レ・ヴレ》》です）。これは、このディスクールが集めている聴衆《アシスタンス》——わたしにとってみれば、どこまでもこのディスクールに対する聴衆ですが——によるものです。この聴衆に対して、それ《サ》は、もう二度とそれ《サ》を聞くことはない、ということをもたらします。

　そしてここに、わたしのディスクールが、もうひとつ別の構造による試練を受けて立つために、敢えてわたし自らが、あなたのカント船団《フロッテイーユ》の舟艇《アンバルカシオン》になるだけの根拠があるのです。

——では、わたしはなにを知り得るか？

《わたしはすでにそれを知っていた》、……

——わたしのディスクールは、人はなにを知り得るかという問いを認めません。というのも、わたしのディスクールは、その対象が無意識の主体であると想定することから出発するからです。

　もちろん、ニュートンが当時のさまざまなディスクールにとって衝撃であったこと、そして、カントとカントの思惟《コジタテユール》がそこに発していることを、わたしは知らないわけではありません。カントがその思惟をスウェーデンボリーSwedenborgに向けているとき、彼はその思惟に乗船しています。これは分析の先駆けとなる乗船です。しかし、ニュートンに手をつける段になると、カントは、ニュートンが哲学の因習《オルニエール》の足踏み状態《ピエティヌマン》を端的に示している、とおもい込んで、その哲学の因習に舞い戻ってしまうのです。仮に、カントが、ダニエル書に関するニュートンの解説から出発していたとしても、そこに無意識の領分《ルソール》を見いだしたかどうかは確かではありません。これは素質《エトツフ》の問題です。

　この点について、［59］「わたしはなにを知り得るか」という問いの不適切さ《アンコングリュ》に対して、分析のディスクールが答えるもののすべてを告白しましょう。その答えとは、「なにも《リヤン》」です。つまり、どんな場合にせよ、ランガージュの構造をもたないようなものはなにひとつ知ることができないのです。したがって、この限界《リミット》の範囲内《ダン》で、わたしがどこまでゆけるかというのは、ひとつの論理学的な問題《ケスチオン・ドウ・ロジツク》になるのです。

これは次のことで確認されます。つまり、科学のディスクールが月面着陸《アリユニサージユ》に成功し、そこにおいて、思考に対して、ひとつの現実的なもの《アン・レエル》の侵入《イリユプシオン》が証明されているということです。しかもこれは、「数学」[22]がランガージュ以外の装置《アパレイユ》をもつことなしにです。このことが、ニュートンの同時代人たちが、黙っているわけにはゆかなかったことです。彼らは、各々の質量《マス》が、どのようにして他の質量からの距離を知るのかと問いました。これに対し、ニュートンは次のように答えたのです。《神がそれを知っている》と――だから、神が必要なことをやっているのです[23]。

しかし、政治的ディスクールが、――これは特筆すべきことですが――、災難《アヴアタール》のなかに陥ろうとしているときに、現実的なものの到来《アヴエヌマン》、すなわち月面着陸が起こったのですが、それでもなお、新聞を介して各人のなかに住みついている哲学者は、このことに漠然としか心を動かされなかったのです。

今や問題の焦点《アンジユウ》は、「構造‐の‐現実的なもの réel-de-la-structure」が、

……なぜなら《ア・プリオリ》はランガージュであり、……

なにから抜け出すのを助けてくれるのだろうかということです。すなわちそれは、言葉《ラング》を暗号ではなく、解読すべき記号にしているものから抜け出すのを助けてくれるのです。

したがって、わたしの返答は、次の点以外においてのみ、カントを繰り返すのです。すなわち、それ以来、無意識の諸事実《フェ》が発見されてきていること、そして、あたかも、すでにこれら諸事実の《回帰《ルトゥール》》が生み出しているかのように、「数学」によって、ひとつの論理学が発展してきているということです。彼の著作の有名な標題にもかかわらず、実際、どの批判も、そこで古典論理学《ロジック・クラシック》を判断するまでにはいたっていません。その点で、カントは、ただ自分の無意識に操られて《エートル・ジュエ》いるということを証言しているだけです。この無意識は、思考しないために、自らが盲目的に生みだした仕事において、判断することも、計算することもできないのです。

[60] 無意識の主体はといえば、これは身体に連動して《アンブレイエ》います。わたしは、この主体がひとつのディスクールによってしか真に位置づけられることはない、と繰り返さなければならないのでしょうか。このディスクールでは、技巧《アルティフィス》が、どれほどその具体的《コンクレ》なものを構成していることか！

……クラスの論理ではないのだから。

見せかけ《サンプラン》でないようなディスクールはない

したがって、なにが語られ得るか、つまり、わたしたちにとって無意識のなかに外‐在しており、それでいて、ひとつのディスクールによってしか分節されない知《サヴワール》について、なにが語られ得るか。このディスクールを介してその現実的なもの《ル・レエル》がわたしたちのもとへやってくるようななにかが語られ得るか。とこんなふうに、あなたの問いはわたしの文脈の中で翻訳されるのです。すなわち、その問いは、気違いじみている《パレ・フォル》のです。

とはいうものの、この問いを敢えてこのような形で提出しておく必要があります。これによって、制定された経験にしたがうならば、この問いを支えるために証明されなければならない命題が、どのようにして生じ得るのかをお見せできるのです。やってみることにしましょう。

たとえば、〈男〉が〈女〉を欲するとき、〈男〉は倒錯の領野に陥ることによってしか〈女〉に到達し得ない、といえるでしょうか。これは精神分析のディスクールによって制定された経験から定式化されることです。これが実証されるならば、これは万人に教え得ること《アンセニャーブル》、つまり科学的なことでしょうか。というのも、科学はこの公準から出発することで自分の道を切り開いてきたからです。

数学素《マテーム》

わたしは、それ《サ》が万人に教え得ることであるといいましょう。そして、ルナン Renan が《科学の未来 l'avenir de la science》のためにそう願ったのと同じく、それは影響を及ぼさないものであるだけに——というのも、〈女〉〈女〉は外-在しないわけですから——なおさらそういえるのです。しかしながら、〈女〉は外-在しない、ということは、人が〈女〉を欲望の対象とする、ということを除外するものではありません。むしろまったく逆で、そこから結果が生じてくるのです。

　このおかげで、〈男〉は間違って、ひとり《ユンヌ》の女に出遇い、このひとり《ユンヌ》の女とともに一切が起きるのです。すなわち、通常は、そのなかに、[61] 性行為の成功というものがあるあの失敗です。演劇で知られるように、主人公たちはこのことについて、もっとも高度な事実を表現することができます。

　高尚劇《ノーブル》、悲劇《トラジック》、喜劇《コミック》、滑稽劇《ブウフオン》（ガウス曲線で描けるような具合に）、要するに、舞台が生み出すものの多様性《エヴァンタイユ》、そしてその舞台からそれ《サ》が姿を現わすのです——この舞台は、あらゆる社会的絆から、さまざまな恋愛ざたを切り出してきます——こうして多様性が実現されます、——そうしてさまざまな幻想《ファンタスム》を生み出し、この幻想によって、言葉をもつ生物たち《レ・ゼートル・ドゥ・パロール》は、自らが《生《ラ・ヴィ》》と名づけているもののなかで暮らしています《スュブジスト》。彼らがどうしてそう名づけているのかはよく分かりません。というのも、《生》について、彼らはその概念を動物を通じてしか得ることができないからです。それに動物には、彼らの「知」はなんの役にも立ちません。

劇詩人たちがちゃんと気づいていたように、実際、言葉をもつ生物たちの、彼らの生が夢ではないと「汝として証言する tu-émoigne」(24) ものは、なにもありません。ただし、彼らが、それらの動物たちを「汝として殺す tu-ent」(25) という事実、すなわち、まさに「汝は汝のものである＝汝に於いて殺されし者 tu-é-à-toi」(26) ということを除けばの話です。まさにこれは、「わたしのもの＝愛しい女 mie(nne)」(27) ゆえに、わたしにとって愛人《アミ》であるラングによって語られるのがふさわしい場合《カ》です。

《汝《テュ》は……である《エ》》

なぜなら、結局のところ、友愛《アミティエ》、むしろアリストテレスのフィリア Φιλία ですが（わたしは、アリストテレスから離れても、彼を過小評価しているのではありません）、まさにこの友愛を経由して、この愛の劇は、「愛する《エメ》」という動詞の活用《コンジュゲゾン》のなかに転落《バスキュル》するからであり、それとともに、その結果として経済《エコノミー》つまり家族の掟《ロワ・ドゥ・ラ・メゾン》への献身《デヴマン》の一切が生じるからです。

周知のとおり、人間《ロム》は住んでいます《アビット》。そして、どこに住んでいるか知らなくても、それでも習慣《アビテユード》はもっています。エトス ἔθος は、アリストテレスのいうようには、夫婦関係《リヤン・コンジュガル》がそうでないのと同様に、倫理《エティック》とは関係がありません。アリストテレスはそれらが同音異義《オモニミー》であることに気がついていましたが、両者を区別するにはいたりませんでした。

これらの一切にとって〔62〕軸《ピヴォ》となる対象を、つまり、エートス ἦθος ではなくエトス ἔθος、名づけるならば対象（*a*）、を推測《スプソネ》することなしに、どうしてこれらについての科学を打ち立てることができるでしょうか。

確かに、この対象を数学素《マテーム》――この数学素は〈科学〉、すなわち今もって外-在する唯一のそれである〈物理学〉が、数と証明のなかに見いだしたものです――によって承認《アコルデ》することが残されています。しかし、もし、わたしのいって《ディ》いるこの対象が、構造によって位置づけられるべきこの数学素の産物《プロデユイ》そのものであり、少しでも、この構造が言質 l'en-gage、つまり無意識が無言《ア・ラ・ミユエット》でもち込んだ言質であるならば、どうして数学素が、この対象のなかに、もっとうまく自分の身に合ったものを見いださないということがあるでしょうか。

このことを納得させるためには、すでに『メノン Ménon』がそれについて与えた道筋《トラッス》に、つまり、個別《パルティキユリエ》から真理《ヴエリテ》にいたる通路《アクセ》がある、ということに立ち返らなければならないのでしょうか。

たとえディスクールが一つ一つ《ラン・ア・ラン》からしか、つまり個別からしか出てこないものではあっても、一つのディスクールから確立されるこれらの道《ヴワ》を、相互に整理する《コオルドネ》ことによってこそ、ある新しいもの《アン・ヌーヴォー》が生み出されるのです。この新しいものは、数の数学素《マテーム・ニュメリック》の場合と同じくらい議論の余地のない形で、このディスクールが伝達するものです。

性的関係《ラポール・セクスユエル》が不可能《アンポシーブル》である、と最終的に証明するはずのもの、すなわち、性的関係を現実界《ル・レエル》のなかに最終的に制定する《アンスティテユエ》はずのものへのひとつの発端《アモルス》が獲得されるには、性的関係が、どこかで、書かれないことをやめる cesse de ne pas s'écrire だけで、(別のいいかたをすれば)偶然性《コンタンジャンス》が確立されるだけでよいのです。

愛《アムール》

この運《シャンス》そのものを、公理論《アクシオマテイツク》つまり偶然性の論理の助けを借りて、先取り《アンティシペ》することができます。この偶然性の論理にわたしたちを慣れさせるのは、数学素が、あるいは数学素が数学者であると決定しているものが、その必然性《ネセシテ》を感じ取ったこと、すなわち、いかなる明証性《エヴィダンス》にも訴えることなく、失墜するままになることです。

〔63〕こうして、わたしたちは〈他者〉、この根源的《ラディカル》な〈他者〉を起点にして探究を進めてゆきましょう。この〈他者〉を呼び起こすものは、性《セックス》が具体化する《アンカルネ》無《ノン》-関係性《ラポール》です、——つまり、この〈他者〉は、人がそこに、おそらく無性の *a* (*a*)sexué の経験によってしか〈一〉部分《ドゥ・ラン》はあり得ない、ということに気づくや否や、呼び起こされるものです。

わたしたちにとって、〈他者〉は、〈一〉とおなじくらい、ひとつの公理《アクシオーム》によって主体となる権利をもっています。そしてここで、経験が、次のような示唆を与えてくれます。まず、アリストテレスが普遍《ユニヴェルセル》を対象とすることから遠ざけたあの否定《ネガシオン》、つまり、すべてではない《パ・トゥット》、非全 μὴ πάντες ということが、女性に課せられて《サンポーズ》いるということです。普遍からその否定を遠ざけることにより、アリストテレスは普遍を単純につまらない《フュティル》ものにしているだけではないようです。つまり、全体皆無則 *dictus de omni et nullo* は、いかなる外-在も保証しないのです。このことは、彼自身が、文字通りの意味で《オ・サンス・フォール》、「勘定を自らに返却する」《サン・ランドル・コント》〔＝理解する：訳者註〕ことなしに、すなわち、なぜだか知らないまま、個別《パルティキュリエ》についてしかこの外-在を認めないとすることで、そのことを裏づけているとおりです。すなわち、——無意識《アンコンシアン》です。

$\overline{\forall x} \cdot \Phi x$

まさにこのことから、ひとりの女は、——というのも、「ひとりの」以上の女について話すことはできないのですから——ひとりの女は精神病においてしか〈男〉に出遇わないということになるのです。

次のような公理を立てることにしましょう。それは、「〈男〉は外‐在しない」ということではなく——〈女〉の場合はそうですが——、そうではなくて、「ひとりの女は自らに〈男〉を禁じている」ということです。これは「〈他者〉が在る」ということによるのではなく、わたしがいうように、《〈他者〉の〈他者〉は存在しない》ということによるのです。

こうして、彼女たちが欲望するものの普遍は狂気《フォリー》である、ということになります。すなわち、世間でいうように、すべての女は狂って《フォル》いる、ということになるのです。これはまた、彼女たちはすべてではない《エル・ヌ・ソン・パ・トゥット》、すなわち、「すべて‐に‐狂っている」のではない pas folles-du-tout、ということの理由でもあります。彼女たちは、むしろ協調的《アランジャント》で、[64] ひとりの男に対する、ひとりひとりの女の譲歩《コンセッシオン》には、身体、魂、財産の譲歩など、際限がないほどです。

自分の幻想《ファンタスム》に対してはどうすることもできないのです。その責任を負うのはさらに容易なことではありません。

$\overline{\exists x} \cdot \overline{\Phi x}$

S(A̸)

むしろ彼女は、わたしが〈男〉の倒錯と見做している倒錯へと向かいます。これによって、彼女は周知の仮装《マスカラード》に導かれるのです。この仮装は、その有難みの分からない連中《デ・ザングラ》が、〈男〉に取り入るためだとして、彼女のせいにしてしまう　嘘《マンソンジュ》　などではありません。むしろ、「あらゆる－偶然－のため l'à-tout-hasard」なのです。つまり、彼女における〈男〉の幻想が、自らの真理の時《ウール・ドゥ・ヴェリテ》を見いだすように心構えをしているのです。これはいい過ぎではありません。というのも、真理とは、すべてではないということ、すべての場合においてすべてが語られるわけではないということからして、すでに女なのですから。

しかし、まさにここにおいて、真理は、必要以上に《プリュ・スヴァン・カ・ソン・トゥール》、その身を委ねることを拒むのです。真理は、行為に性的な調子《エール》を要請し、行為はこの調子を掌握することができません。つまり失敗《ラタージュ》です。すなわち、これは五線譜のように筋書きが決まっている失敗なのです。

それ《サ》は曲がった《ドゥ・トラヴィオル》ままにしておきましょう。しかしながら、フヌイヤール氏 M. Fenouillard の有名な公理《アクシオーム》が当てにならないということ、つまり境界《ボルヌ》を超えても、そこに限界《リミット》があるということは、まさに女に当て嵌まることなのです。これを忘れてはなりません。

このことによって、愛に関して、重要なのは意味ではなく、ほかの場合と同様、まさに記号《シーニュ》なのです。ドラマのすべてもまた、ここにあるのです。

そして、愛が、分析のディスクールによって翻訳されることから、ほかでしているのと同じようにうまく逃れる《ス・デロップ》、ということはできないでしょう。

しかし、「ここ《イシ》」から「人間の世界に現実界が登場するのは、この本質的意味逸脱性《アンサンセ・ドゥ・ナテユール》によってである、と証明されること」までのあいだには《性的関係はない》――この人間の世界とは、すべてを、つまり科学と政治を含み、［65］月に降り立った〈男〉《ロム・アリュネ》(28)を、その本質的意味逸脱性によって「一」に釘付けにする諸通路《コワンスパッサージュ》ですが、――「ここ《イシ》」から「そこ《ラ》」までのあいだには、余白《ドゥ・ラ・マルジュ》があるのです。

なぜなら、そのあいだには現実界のひとつの全体《アン・トゥ・デュ・レエル》があると想定しなければならないからです。このことはまず最初に明らかにしておく必要があるでしょう。というのも、人は決して、理性的なもの《レゾナーブル》にしか主体というものを想定しないからです。**我は仮説をつくらず** *Hypoteses non fingo*(29)というのは、ディスクールしか外‐在しないという意味です。

――わたしになにをすべきか。

―わたしは、この問いを、だれもがそうするように、自分のために、自分に向けて問いなおすことしかできません。答えは簡単なものです。それはわたしがしていることです。つまり、わたしの実践から、〈善辯〉の倫理を引き出すことです。この倫理はすでに強調しました。

これを手本にしてください。もし、あなたが、ほかのディスクールにおいてこの倫理が繁栄すると信じておられるのであれば。

しかし、わたしはそれは疑わしいとおもいます。なぜなら、倫理はディスクールに対して相関的《ルラテイヴ》だからです。同じことを繰り返すのはもうやめましょう。

格率《マクシム》は、その適用の普遍性が実証されなければならない、とするカントの考え方は、現実界が、一面でしか捉えられていないために、そこから逃げだしてしまうしかめ面《グリマス》でしかありません。また〈他者〉との無‐関係性について、もし人がそれを文字通り《オ・ピエ・ドウ・ラ・レットル》に受け取ることに満足しているのなら、あかんべ《ピエ－ドウ－ネ》と答えなければなりません。

要するに、これはひとつの独身者《セリバテール》の倫理なのです。身近な例では、モンテ

《なにをなすべきか》は、そこで欲望が消滅するものしか要求しない

ルラン Montherlant の作品の一つが具体化した倫理です。

〔66〕願わくは、わたしの友人クロード・レヴィ＝ストロース Claude Lévi-Strauss が、アカデミー Académie の入会演説《ディスクール》において、彼の実例をうまく構造化せんことを――、というのも、アカデミー会員というのは、自らの地位に名誉《オヌール》をもたらすためには真理をくすぐる《シャトウイエ》だけでよいという好運《ボン・ヌール》に恵まれているからです。

明らかに、あなたの心遣い《ソワン》のおかげで、わたし自身はそこ《ラ》に到達しています。

――わたしは寸鉄《ポワント》を好みます。さて、あなたが、実際アカデミー流の、この練習問題《エグゼルシス》に身を委ねることを拒まなかったということは、あなた自身が、この練習問題にくすぐられているということになります。それで、わたしはあなたにこれを証明します。というのも、あなたは、第三番目の問いに返答なさるからです。

――《わたしにはなにを希望することが許されているか》に関しては、わたしにこの問いを、そのままあなたに投げ返しましょう。すなわち、今回は、問いがあなたからやってきているように聞こえるのです。わたしが、自分に向けてする問いに関しては、先刻答えてあります。

なにを希望すればよいのかをわたしにいわずに、どうしてこの問いがわたしに関わることができるでしょうか。あなたは希望《エスペランス》というものが対象をもたないものだと考えているのですか。

ですからあなた、わたしが「あなた《デュ・ヴー》」を与えているあらゆる他者《トゥ・トートル》と同様、わたしがお答えしているのはこの「あなた」に対してなのですから、あなたはあなたの気に入るものを希望すればよいわけです。

ただ次のことだけは知っておいていただきたい。すなわちわたしは、希望が、つまり「歌うたう明日《レ・ランドウマン・キ・シャント》」と呼ばれているものが、あなたに対するのと同じくらいわたしが尊敬していた人たちを、いとも簡単に自殺《スュイシッド》へと導いたのを、何度か目撃したことがあるのです。

あり得ることではないですか《プルコワ・パ》。自殺は、[67] 失敗《ラタージュ》を伴わずに成功し得る唯一の行為なのです。これについて、誰もなにも知らないとすれば、この行為が、なにも知りたくないという決意《パルティープリ》に発しているからです。またしてもモンテルランです。クロードがいなかったら、彼のことは考えてもみなかったでしょう[30]。

カントの問いがひとつの意味をもつように、わたしはこれを「どこからあなたは希望するのか」と変形してみることにします。この問いにおいて、あなたは、分析のディスクールがあなたになにを約束してくれるのか、知りたがっていることになるでしょう。というのも、わたしにとっては、そのお膳立ては《トウ・》ととのっている《キュイ》からです。

精神分析によって、あなたは、あなたがその「臣下＝主体 sujet」[31]となっている無意識を解明することを、確実に希望することができます。しかし、各人が知っているように、わたしは誰にもそうするようにと励ましたりはしません。誰にもとは、欲望の確定していない人には誰にもということです。

さらには、失礼ながら、育ちの悪い《ドウ・モーヴェーズ・コンパニー》は、「あなたがた《レ・ヴー》」の話をさせていただと、わたしは、下衆たちに下衆《カナーイユ》たちには、精神分析のディスクールを拒絶する《ルフュゼ》べきであると考えています。フロイトが、いわゆる文化標識《クリテリオム・ドウ・キュルテユール》によって包み隠して《デギゼ》いたのは、間違いなくこのことです。残念ながら、倫理規準《クリテール・デティック》も、文化標識と同様に、確実ではありません。いずれにしても、彼らが自らを判断できるのは別のディスクールによるものであり、わたしが下衆たちには分析は拒絶されなければならないと敢えていうのも、下衆たちは分析にこ

汝《テュ》は、汝《トゥ》に無意識が与えている宿命《デスタン》についてなにも知りたくないのか？

って獣《ペット》になってしまうからなのです。これは確かに、ひとつの改善《アメリオラシオン》には違いありませんが、あなたの言葉を借りるなら、希望なし《サン・ゼスポワール》の改善です。

ともかく、分析のディスクールは、もともと転移のなかにはない「あなた《ル・ヴー》」を、この「知っていると想定された主体《スュジェ・スュポゼ・サヴワール》」との関係を明示することで除外します。――この関係は、無意識の症候的《サンプトマテイック》なひとつの現われ《マニフエスタシオン》です。

[68] さらに加えて、わたしはそこに次のような天賦の才能《ドン》を要請したいとおもいます。それによって、「数学」への接近《アクセ》が吟味《ス・クリブル》されるような才能です。もしこのような才能が存在すればですが。しかしながら、このディスクールから、わたしの数学素以外になにがしかの数学素が出てきた、ということはおそらくないのですから、わたしの数学素の試練によって識別されるような才能は未だ現われていない、というのが事実なのです。

外-在する、唯一の、このような才能が現われるチャンスは、好運《ボン・ヌール》のみにかかっています。これについて、わたしがいっておきたいのは、そこでは希望《エスポワール》はなんにもならないということで、もうこれだけで、希望はつまらないもの《フュティル》、すなわち、許されないものになるのです。

# VII

〔71〕— それでは、ボワロー Boileau が《よく理解されたことは明晰に表現される Ce que l'on conçoit bien, s'énonce clairement.》[32] と詩文にしている真理について、これをくすぐってみてください《テイテイエ》。あなたの文体《スティル》のことなども合わせて。

— 即座《デユ・タ・コ・タツク》にお答えしましょう。十年もあればわたしの書いたものは万人にとって明晰《クレール》なものになります。わたしは、わたしの学位論文《テーズ》で、それ《サ》が分かりました。その論文ではまだ、わたしの文体は結晶的《クリスタラン》ではありませんでした。つまり、これはひとつの経験的事実《フエ・デクスペリアンス》です。しかしながら、わたしはあなた方を無期延期で待たせたりはしません。

わたしは「よく表現されたことは明晰に理解される Ce qui s'énonce bien, l'on le conçoit clairement.」と校訂《レタブリ》します——明晰《クレールマン》にというのは、それ《サ》が自らの道《シユマン》を拓くという意味です。ひとつの論理の厳格さ《リグール》ゆえに、このような成功の約束、少なくとも売れゆきの成功の約束は、そこでは絶望的ですらあります。

それ《サ》は、わたしたちに神経症の値打ち《プリ》を実感させてくれるでしょう。フロイトがわたしたちに想起させてくれていること、つまり「罪責性《キユルパビリテ》を生みだ

ラングの結晶《クリスタル》に賭ける人において、……

すのは悪《マル》ではなく、「善《ビヤン》である」ということは、この神経症によって支えられているのです。

　こういったことのなかで、自らの道を見いだすことは、去勢《カストラシオン》が意味しているものについて、少なくとも推測してみることなしには不可能です。そしてこのことは、［72］ボワローが、それについて、人がそれを間違える《スィ・トロンプ》ように、つまり人がそれを信じ込む《イ・クロワ》ように《明晰に》広まるがままにしておいた噂話について、はっきりと理解させてくれます。

　彼の有名な黄土ocreのなかに陣取っている《アンスタレ》中傷médit、すなわち《中庸médi-ocreから最悪《ピール》に段階なし《ドウグレ》(34)》、この中傷が、この詩文の作者の手になるものとは信じ難いことです、この詩文は、こんなにもみごとに、この語を茶化《ユモリーズ》しているのです。

　これらはすべて容易なことです。しかし、それ《サ》、つまり、わたしが活字の足《ピエ・ドゥ・プロン》(35)において修正している《レクティフィ》ものを耳にする《アンタンドル》ことのほうが、「それであるもの《ス・ク・サ・エ》(36)」として現われてくるものに、より相応しい《ヴァ・ミュ》のです。「それ《サ》であるもの」というのは、すなわち、誰ひとりとして気づくことのない《ペルソンヌ・ヌ・ヴワ・ク・デュ・フ》機知《モ・デスプリ》のことです。

　機知が計算された言葉の誤り《ラプスュス》、無意識を手なずけた《ガーニュ・ア・ラ・マン》言葉の誤りであること

……一羽の雄鵞鳥《ジャール》はいつもその人の(33)
性器《セックス》を食べる

を、わたしたちは知ってはいないでしょうか。それ《サ》は、機知に関するフロイトの論文に読むことができます。

そして、無意識が考えもせず、計算もせず、云々ということになれば、それはなおさら考えられることです。

「なにが知られ得るか」というわたしの実例のなかで、わたしが楽しんで変調《モデュレ》したものを、無意識が聞き直して《レアンタンドル》いるところを、もしそんなことができるなら、人は取り押さえる《スユルプランドラ》ことでしょう。しかも、ララングの好運を操る《ジュエ・デュ・ボン・ヌール》というより、ランガージュのなかでララングの好運に跨　る《スユイーヴル・ラ・モント》のです……。

わたしが、これに気づくためには、ひと押し《アン・クウ・ドウ・プース》とはいえ、それが必要でした。そして、まさにここに、解釈の領域《シット》の真髄《ファン》が明らかになるのです。

裏返された手袋を前にして、手は自分のしていることを知っていたと想定《スユポゼ》することは、その手袋を、まさに、ラ・フォンテーヌ La Fontaine やラシーヌ Racine が堪え忍んでいた《スユポルトレ》であろうなにものか《ケルカン》に返却《ランドル》することにはならないでしょうか。

解　釈《アンテルプレタシオン》は貸　借《アントルプレ》を満たすために快速《プレスト》でなければなりません。純粋欠損《ペルト・ピユール》によって永続《ペルデュール》するものから、最悪の父《ペール・オ・ピール》によってしか賭け《パリ》ることのないものに向けて。

$$\frac{a}{(-\varphi)}$$

# 訳註

(1) フランス放送協会学術研究部 Service de la Recherche de l'O. R. T. F. (Office de la Radio-diffusion-Télévision Française)
(2) 用語の対比を考慮して、erreur を「失策」、errement を「散策」と訳した。
(3) *à la canto*nade. Cf. Jacques Lacan, *Le séminaire*, Livre XI, Seuil, 1973, p. 189.
(4) ラングを扱う言語学に対して、ララングを扱う linguisterie に「原言語学」の訳を当てた。
(5) 理性 raison、知性 intelligence、精神 esprit、思考 pensée などと訳される。
(6) dit-mension. dimension（次元）および dit（言われた、辞）＋ mention（言及、マンション）。
(7) 原文では l'un であるが、文脈を考慮し l'Un のように訳出した。
(8) fluidique には、「霊的」、「流動」の二重の意味がある。
(9) SAMCDA（サムクダ）は、音韻的にラテン語の sancta（聖遺物、聖なる）を連想させる。
(10) 一六八四年に、アムロ・ドゥ・ラ・ウセーは、バルタザール・グラシアンの著書『Oraculo manual y arte de prudencia』をフランス語に翻訳したが、その際、標題を『宮廷人 Homme de cour』とした。
(11) 『旧約聖書』「創世記」九・二〇―二三参照。
(12) ラテン語「もの res」の属格単数。
(13) 一八九六年十二月六日付の書簡。
(14) ギリシア語。「欲望」、「願望」を意味する。

(15)　本書では、このbien direに加え、他の箇所に見られるBien-dire, bien-direを「善辯」と翻訳した。この語は「善く辯ずること」(＝能辯）と「善を辯ずること」の二つの意味を含んでいる。
(16)　le gay sçavoirは中世の表記法。現代ではle gai savoirと表記する。
(17)　本訳では、bon heurに「好運《ボン・ヌール》」(ラカンの発音による)、bonheurに「幸運《ボヌール》」、heurに「運《ウール》」の訳語を当てた。
(18)　「精神分析」と題された当該テレヴィ放送では、ラカン自身が、ハイデッガーのことであると述べている。
(19)　このSAMCDA *simplicitas*は、*sancta simplicitas*（= sainte simplicitéたいへんなお人よし）を連想させる。
(20)　dieu + dire = di-eu-re「かみ」＋「かたり」＝「か－み－たり」。
(21)　一九六九年十二月三日。
(22)　la mathématiqueと単数形で記されている。つまりこの語は、数学原理としての数学の意味で用いられていると考えられる。したがって、訳文ではこれを示すために「数学」と括弧つきで表記した。
(23)　Dieu ... fait ce qui faut. 下線部はfalloirおよびfaillirの三人称単数の活用形ととれる。したがってこの箇所は、同時に「神は、欠如しているものを成している」の意味を含んでいる。ちなみに、faille（欠如、亀裂）の語源はfaillirである。
(24)　tu-émoigne. tu（汝）＋témoigner（証言する)。
(25)　tu-ent. tu（汝）＋tuer（殺す)。
(26)　tu-é-à-toi. tu es à toi + tué à toi.
(27)　mie(nne)は、さらに、mi-haine（半分の－憎しみ）と同音である。
(28)　原文ではL'homme alunéとなっている。このalunéは、aluner（明礬《みょうばん》液に浸す）の過去分詞であるが、ここでは文脈を考慮して、alunir（月に降り立つ）の過去分詞 aluni のように訳出した。また、同様の理由により、aluné を à l'un / à l'unaire のように訳出した。

(29) 正しくは Hypotheses non fingo であるが、原文では Hypoteses non fingo と誤記されている。本書ではあえて原文の表記に従った。

(30) レヴィ＝ストロースは、自殺したモンテルランのあとを継いで、アカデミー・フランセーズに入会した。

(31) sujet には「主体」と「臣下」の両方の意味がある。

(32) Nicolas Boileau, *L'Art poétique*, 1674, Chant I, v. 153.

(33) 当時、「女嫌いのボワローは性的不能であり、その理由は幼年期に雄の鵞鳥（もしくは七面鳥）に性器を齧《かじ》られたからである」という噂が広まっていた。

(34) Cf. Nicolas Boileau, *ibid.*, Chant IV, v. 32.

(35) à pieds de plomb を「活字の足の水準において」と解釈した。これは、ほかに「鉛の（ように重い）足で踏み固めて」の意ともとり得る。

(36) 原文は ce que ça est で、直訳するならば「それ《サ》がそうであるところのもの」となる。

## ヤ　行



## ラ　行

# 人名・固有名索引

＊本文中の数字はすべて原書のページを示す。

## ア　行



## カ　行



## サ　行



## タ　行



## ナ　行



## ハ　行



## マ　行

耳にする　entendre
それであるもの　ce que ça est
より相応しい　aller mieux
誰ひとりとして気づくことのない
personne ne voit que du feu
機知　mot d'esprit
言葉の誤り　lapsus
手なずける　gagner à la main
変調する　moduler
聞き直している　réentendre
取り押さえる　surprendre
好運を操る　jouer du bon heur
跨る　suivre la monte
ひと押し　un coup de pouce
領域　site
真髄　fin
想定する　supposer
堪え忍ぶ　supporter
なにものか　quelqu'un
返却する　rendre
解釈　interprétation
貸借　entreprêt
快速　preste
純粋欠損　perte pure
永続する　perdurer
最悪の父　père au pire
賭ける　parier

歌うたう明日　les lendemains qui chantent
自殺　suicide
あり得ることではないですか　Pourquoi pas ?

## 67ページ

失敗　ratage
決意　parti-pris
お膳立てはととのっている　tout cuit
臣下＝主体　sujet
育ちの悪い　de mauvaise compagnie
「あなたがた」 les vous
下衆たち　canailles
拒絶する　refuser
文化標識　critérium de culture
包み隠す　déguiser
倫理規準　critère d'éthique
獣　bête
改善　amélioration
希望なし　sans espoir
「あなた」 le vous
知っていると想定された主体　sujet supposé savoir
症候的　symptomatique
現われ　manifestation

## 68ページ

天賦の才能　don
接近　accès
吟味される　se cribler
チャンス　chance
好運　bon heur
希望　espoir
つまらないもの　futile

## 71ページ

くすぐる　titiller
文体　style
即座に　du tac au tac
明晰な　clair
学位論文　thèse
結晶的　cristallin
経験的事実　fait d'expérience
校訂する　rétablir
明晰に　clairement
道　chemin
厳格さ　rigueur
値打ち　prix
罪責性　culpabilité
悪　mal
善　bien
去勢　castration

## 72ページ

それを間違える　s'y tromper
それを信じ込む　y croire
黄土　ocre
陣取っている　installé
中傷　médit
中庸　médi-ocre
最悪　pire
段階　degré
茶化す　humoriser
活字の足　pied de plomb
修正する　rectifier

rendre compte
個別　particulier
無意識　inconscient
狂気　folie
狂っている　folle
彼女たちはすべてではない　elles ne sont pas toutes
「すべて－に－狂っている」のではない　pas folles-du-tout
協調的　arrangeant(es)

## 64ページ

ひとりの男　*un* homme
譲歩　concession
幻想　fantasme
仮装　mascarade
有難みの分からない連中　des ingrats
嘘　mensonge
「あらゆる－偶然－のため」　l'à-tout-hasard
真理の時　heure de vérité
すべてではない　pas toute
すべて　tout
必要以上に　plus souvent qu'à son tour
調子　airs
失敗　ratage
曲がった　de traviole
公理　axiome
境界　borne(s)
限界　limite
記号　signe
うまく逃れる　se dérober
ここ　ici
本質的意味逸脱性　insensé de nature

## 65ページ

月に降り立った〈男〉　L'homme aluné
釘付けにする　coincer
諸通路　passages
ここ　ici
そこ　là
余白　de la marge
現実界のひとつの全体　un tout du réel
理性的　raisonnable
相関的　relatif
格率　maxime
しかめ面　grimace
文字通りに　au pied de la lettre
あかんべ　pied-de-nez
独身者　célibataire

## 66ページ

入会演説　discours
名誉　honneur
くすぐる　chatouiller
好運　bon heur
心遣い　soins
そこ　là
寸鉄　pointe
練習問題　exercice
希望　espérance
あなた　du vous
あらゆる他者　tout autre

汝は汝のものである＝汝に於いて殺されし者　tu-é-à-toi
わたしのもの＝愛しい女　mie(nne)
愛人　amie
場合　cas
友愛　amitié
愛する　aimer
活用　conjugaison
転落する　basculer
経済　économie
家族の掟　loi de la maison
献身　dévouement
人間は住んでいる　l'homme habite
習慣　habitude
夫婦関係　lien conjugal
倫理　éthique
同音異義　homonymie

## 62ページ

軸　pivot
推測する　soupçonner
数学素　mathème
承認する　accorder
いう　dire
産物　produit
言質　l'en-gage
無言で　à la muette
道筋　trace
個別　particulier
真理　vérité
通路　accès
一つ一つ　l'un à l'un
道　voie
相互に整理する　coordonner
ある新しいもの　un nouveau
数の数学素　mathème numérique
性的関係　rapport sexuel
不可能　impossible
現実界　le réel
制定する　instituer
発端　amorce
書かれないことをやめる　cesser de ne pas s'écrire
偶然性　contingence
運　chance
公理論　axiomatique
先取りする　anticiper
必然性　nécessité
明証性　évidence

## 63ページ

根源的　radical
性　sexe
具体化する　incarner
無－関係性　non-rapport
無性の$a$　($a$)sexué
〈一〉部分　de l'Un
公理　axiome
普遍　universel
否定　négation
すべてではない　pas-toutes
課せられている　s'imposer
つまらないもの　futile
文字通りの意味で　au sens fort
勘定を自らに返却する　s'en

言葉　terme
耳　oreille
語調　accent
客観的なもの　objectif
対象　objet

## 58ページ

脳みそを搾る　se casser la tête
こと　chose
それは事実だ　il est vrai
聴衆　assistance
船団　flottille
舟艇　embarcation
思惟　cogitature
因習　ornière
足踏み状態　piétinement
領分　ressort
素質　étoffe

## 59ページ

不適切さ　incongru
なにも　rien
限界　limite
範囲内で　*dans*
論理学的な問題　question de logique
月面着陸　alunissage
ひとつの現実的なもの　un réel
侵入　irruption
装置　appareil
質量　masse
災難　avatar
到来　avènement
問題の焦点　enjeu
「構造－の－現実的なもの」 le réel-de-la-structure
言語　langue
事実　fait
回帰　retour
古典論理学　logique classique
操られている　être joué

## 60ページ

連動する　embrayer
技巧　artifice
具体的なもの　concret
知　savoir
現実的なもの　le réel
気違いじみている　paraître folle
教え得る　enseignable
《科学の未来》 « l'avenir de la science »
ひとりの女　*une* femme

## 61ページ

高尚劇　le noble
悲劇　le tragique
喜劇　le comique
滑稽劇　le bouffon
ガウス曲線　courbe de Gauss
多様性　éventail
幻想　fantasme
言葉をもつ生物たち　êtres de parole
生　vie
暮らしている　subsister
汝として証言する　tu-émoigner
汝として殺す　tu-er

無秩序　anarchie
味見する　goûter
成立している　être établi
好運　bon heur
辛うじて好い運　heur bon tout juste
性にとっては、初めからやり直し　Au temps pour le sexe
極左主義　gauchisme

## 52ページ

性的－極左主義　sexo-gauchisme
不運　malédiction
善辯　bien-dire
セックスする　faire l'amour
神　Dieu
異教徒　paganisme
神様のおかげです　Dieu merci !
道　Tao（中）
思慮深い　sensé
意味　sens
冷たいままに放置する　laisser froid(e)
〈道〉　Voie
記号　Signe
証明されることで保証される　s'assurer à se démontrer
うまくいう　dire bien

## 53ページ

純然たる　pur et simple
すべて　*toute*
「か－み－たり」　di-eu-re
複合体　complexe
ねじれる　se faire tordu
口にする　se dire
仏頂面　bouche pincée
指導者　maître
落胆させる　décourager
棍棒　trique
静穏　bonace
人種差別　racisme
予言する　prophétiser
確信　assurance
愉快なこと　drôle
真実　vrai
幻想　fantasme
未生　inédit

## 54ページ

様式　mode
低開発　sous-développé
極－楽　plus-de-jouir
儚さ　précarité
掠奪　exaction
偽りの博愛主義　humanitairerie de commande
災い多き　funeste
回帰　retour

## 57ページ

〈批判〉　Critique
〈規準〉　Canon
言葉　formule
聖書注釈学　exégèse
練習問題　exercice
わたし　je
提案する　proposer

帰属させる　attribuer
性欲　sexualité
草案　projet
性科学　sexologie
信頼を置く　faire confiance
根拠のないもの　gratuit
認める　avouer
倫理　éthique
新しいもの　du nouveau
法外なこと　chose énorme
領野　champ
袋小路　impasse
愛　amour
超越的　transcendant
言葉　mot
数論　théorie des nombres
記号　signe
数学的に　mathématiquement
転－移　trans-fert
知っていると想定された主体　sujet supposé savoir
分節する　articuler
ピン留めする　épingler
説明　explication
展開　dépliement
作業の効果　effet de travaille

## 50ページ

疏通　frayage
笛を吹く　flûter
恐怖　frousse
食らわせる　foutre
単純さ　*simplicitas*（羅）
分析家は、自らを、自らに拠ってのみ権威づける　l'analyste ne s'autorise que de lui-même
〈学派〉　École
分析主体　analysant
分析家　analyste
属性　attribut
操作　maniement
評価　appréciation
特異性　singularité
幸運　bonheur
不運　malédiction
不快　Malaise
神的　divin
接近　abord

## 51ページ

情動　affect
仏頂面　bouche pincée
真実　vrai
神話　mythe
叙事詩　épique
企て　tentative
袋小路　impasse
不可能　impossible
合理化する　rationaliser
虚構　fiction
分泌する　sécréter
想像されたもの　imaginé
誘い　invitation
種主　géniteur
子供の男　petit d'homme
女を汚染しつづける　rester contaminer la femme
好み　goût

聴講　audience
〈他者化する〉　Autrifier
欲動　*Trieb*（独）
本能　instinct
偏流　dérive
欲動　pulsion
偏倚　bizarrerie
分解する　démonter
科学の実験というもの　expérimental de la science
定数　constante
身体の縁　bord corporel
永続性　permanence
衝迫　*Drang*（独）
心迫　poussée
四重の審級　quadruple instance

## 43ページ

共存する　coexister
潜勢力　puissance
解離　désunion
迂回路　détours

## 47ページ

抑制　répression
家庭　famille
社会　société
資本主義　capitalisme
これは検討すべき問題です　La question se pose
質問　question
声　voix
解釈　interprétation
返答　réponse
知っている　*savoir*
貸与する　prêter
人は金持ちにしか金を貸さない　on ne prête qu'au riche
正当にも　avec raison
一財産　fortune

## 48ページ

独力で成功した人間　*self-made man*（英）
抑圧　refoulement
抑制　répression
由来する　provenir
去勢　castration
第一義的なもの　premier
第二の局所論　seconde topique
秤　bascule
超自我　surmoi
大食　gourmandise
構造的　structural
結果　effet
文明における不快　malaise dans la civilisation
症状　symptôme
創造物　création
狼男　homme-aux-loups
猛然と立ち向かう　s'acharner
失敗　ratage
事実　fait
現実的なもの　le réel

## 49ページ

謎の　énigmatique
制度　institution

徳　vertu
原罪　péché originel
表明する　manifester
意味　sens
かすめて飛ぶ　raser
失墜　chute
好運　bon heur
いたるところ　partout
幸福な　heureux
定義　définition
運　heur
運命　fortune
反復される　se répéter
好い　bon
至福　béatitude
追放された　exilé
幸いなことに　heureusement
秘密を明かす　vendre la mèche
詩人　poète
古典主義　classicisme
へそくり　cagnotte
淫売詩人　roulure
眼差し　regard
ほんの僅か　trois fois rien
甘美な残滓　déchet exquis
同一化する　identifier
〈他者〉　l'Autre
満足させる　satisfaire

## 41ページ

満たす　combler
明言する　énoncer
保証　assurance
憂鬱　ennui
「結う一」　unien
再合成する　recomposer
〈一〉　l'Un
同一化　identification
神秘的　mystique
滑稽ものの　comique
「小文字の他者」　l'autre
突出部　éminence
露骨な等価物　cru équivalent
双背獣　bête-à-deux-dos
下品な　vilain
不作法なこと　inconvenance
生命　vie
結合する　unir
束の間の交接　brève coïtération
特質　propre
住まう　habiter
陰鬱　morosité
不機嫌　mauvaise humeur
罪　péché
一抹の狂気　un grain de folie
真の感触　vraie touche
転調する　moduler

## 42ページ

安ヴァイオリン　crin-crin
ぽかんと空を眺めて時を過ごす
bayer aux corneilles
態度　geste
欲動　pulsion
わたしをあまりに優遇しすぎる
me faire la part trop belle
なんであれ　quoi que ce soit
陰鬱な　morose

情動　affect
アドレナリン　adrénaline
放出　décharge
事実　vrai
秩序　arrangement
喧騒　remue-ménage
実証する　vérifier
焼き上がったヒバリのロースト　alouette déjà rôtie
十全な　adéquat
口　bec
滑稽な　bouffon

## 38ページ

抑圧　refoulement
復元する　restituer
移動される　être déplacé
表象　représentation
移動　déplacement
ピン留めする　épingler
帯　bande
公準　postulat
不安　angoisse
配置図　constellation
動揺　émoi
妨害　empêchement
困惑　embarras
情動　affect
事実　vrai
対象　objet
専念させる　affecter
恐怖　peur
アブジェ　abjet

## 39ページ

失墜させる　laisser tomber
意見　dires
情動　affect
情念　passions de l'âme
切り取ること　résection
情念　passion
超心臓　surcœur
作用を受ける　être affecté
効果　effet
確かな展開　suite sérieuse
与えられる　se donner
系列的な連続　suite sérielle
悲しみ　tristesse
抑鬱　dépression
媒体　support
心理学的緊張　tension psychologique
心理状態　état d'âme
道徳的な過ち　faute morale
罪　péché
怯え　lâcheté
善辯　bien dire
当為　devoir
拒絶　rejet
精神病　psychose
放逐される　être rejeté
現実界への回帰　retour dans le réel
躁病性興奮　excitation maniaque
致命的　mortel

## 40ページ

悦ばしき知　gay sçavoir

あかんべ　pied-de-nez
遺産として伝える　léguer

## 34ページ

試練　épreuve
自然エネルギー　énergie naturelle
観念　idée
気球　ballon
吹き流し　banderole
風景　paysage
景観　décor
生命力　force de vie
粗雑な隠喩　grossière métaphore
実体　substance
研究する　travailler
計算　calcul
定数　constante numérique
機械的な　mécanique
力学　dynamique
実証可能　vérifiable
核　noyau

## 35ページ

質量　masse
場　champs
運動量　impulsion
等価性　équivalence
操作する　arranger
措定する　poser
精神的経験の一事実　un fait d'expérience mentale
仮定　supposition
恒常性　constance
数値　chiffre
いつでも口に出していえる　prêt à se dire
暗号化される　se chiffrer
暗号を解かれる　se déchiffrer
享楽　jouissance
女性外陰部　pudendum
〈父〉　le Père
現実的〈父〉　le Père réel
除外　exclu
想像的　imaginaire
ノアの外套　le manteau de Noé
優れている　meilleur

## 36ページ

科学のディスクール　discours scientifique
ヒステリーのディスクール　discours hystérique
蜜　miel
ほとんど　*presque*
熱力学　thermodynamique
過ち　erreur
快感　plaisir
最小限の緊張　moindre tension
快楽主義　hédonisme
精神主義　psychisme
豚　pourceau

## 37ページ

ニコマコス　Nicomaque
エウデモス　Eudème
倫理　éthique

絆　lien
水準　hauteur
〈協会〉　La Société
家族的　familial
眉唾物　fictif
身贔屓　partisan
反・分析的ディスクール互助会　société d'assistance mutuelle contre le discours analytique
神聖不可侵　sacrée
を使って　*avec*
効果　effet
無視される　être méconnu

## 28ページ

慎重さ　prudence
本物　vrai
良い　bon
聖人である　être un saint
後光　auréole
尊敬　respect
道　voie
宮廷人　homme de cour
慈悲　charité
屑　déchet
慈悲を奪う　décharitér
原因　cause
機会　chance
棄却作用　abjection
所為　fait
奇妙さ　étrangeté
享楽　jouissance
意味　sens
享受されるもの　le joui
平然　sec
まっぴらごめん　macache

## 29ページ

残り屑　rebut
交替　relais
邪悪な精　petit malin
配分的正義　justice distributive
徳　mérite
道徳　morale
原理　principe
資本主義的ディスクール　discours capitaliste
出口　sortie
進歩　progrès

## 33ページ

無意識はひとつのランガージュとして構造化されている　l'inconscient est structuré comme un langage
定式　formule
言葉　mot
心的エネルギー　énergie psychique
情動　affect
欲動　pulsion
世襲財産　patrimoine
態度　geste
教え　enseignement
由来する　provenir
風　vent
北風　bise
〈会議〉　Congrès

倒錯　perversion
精神病　psychose
現実界　le réel
わたしは彼を愛さない　Je ne l'aime pas
反射逆転する　se répercuter
系列　série

## 22ページ

音素　phonème
文章　phrase
個人的な　personnel
対象　objet
解き放たれる　se dégager
話す存在　être parlant
〈一〉部分　de l'Un
要素　élément
知る　connaître
結び目　nœud
現実界　le réel
結ぶ　nouer
解く　dénouer
素材　matière
鎖　chaîne
現実に　réellement
享受された意味　jouis-sens
法　loi
多義性　équivoque
射程　portée

## 25ページ

心理学者　psychologue
精神療法家　psychothérapeute
精神科医　psychiatre
精神衛生　santé mentale
悲惨　misère
引き受ける　se coltiner
分析家　analyste
異議を唱える　protester
立場　position
荷役　coltinage
専念する　s'employer à
好都合　commode
判断　jugement

## 26ページ

主知主義　intellectualisme
資本家　capitaliste
告発する　dénoncer
規範化する　normer
完璧なものにする　perfectionner
強化する　renforcer
外－在　ex-sistence
外－在する　ex-sister
企画　projet
接ぎ木　greffe
奇妙　étonnant
栽培　culture
人がそれを聴いている　on l'écoute
然り　oui
知　savoir
理想的な労働者　travailleur idéal

## 27ページ

華　fleur
分析の　analytique

再現する　représenter
喜劇　comédie
笑い　rire
利益　bien
最悪　pire
欲望　désir
執拗さ　insistance
反復　répétition
支配する　commander
存在　être
思考　pensée
意味　sens
記号　signe
症候　symptôme

## 20ページ

ヒステリー症者　hystérique
言葉の誤り　lapsus
機知　mot d'esprit
暗号文　message chiffré
解読する　déchiffrer
証明する　prouver
陳腐な　trivial
次元＝辞言＝辞－マンション　dit-mension
解読　déchiffrage
現象　phénomène
ありのままに　naïvement
分節される　être articulé
言語化される　verbalisé
世俗の論理　logique vulgaire
素直に　simplement
用法　emploi
多義　équivoque
隠喩　métaphore
換喩　métonymie
織物　tissu
実質　substance
リビドー　libido
流動＝霊的神話　mythe fluidique
翻訳　traduction
一次過程　processus primaire
享楽　jouissance
連鎖　défilé
知恵　sagesse

## 21ページ

シニフィアン　signifiant
シニフィエ　signifié
等価現象　phénomène d'équivalence
言語学　linguistique
記号　signe
連合　association
対　batterie
コード　code
暗号　chiffre
不規則さ　hétéroclite
構成要素　membre
騙されぬ人々は彷徨う　les non-dupes errent
自衛する　s'armer
ひとつの現実的なもの　un réel
擬似－性的　pseudo-sexuel
原動力　ressort
謎　énigme
相手　partenaire
神経症　névrose

sionnel
うろたえる　s'embarrasser
これをどうしてよいのかわからない　ne savoir que faire
不調和な　dysharmonique
おもねり　complaisance
神話　mythe
世界　monde
責任者　responsable
環境世界　*Umwelt*（独）
見合う　conforme
幻想　fantasme
現実　réalité
しかめ面　grimace
具合が良くなる　aller mieux
精神分析家　psychanalyste
治癒　guérison
声　voix
要求　demande
答え　réponse
言葉　mot
実践　pratique
解明される　être éclairé(e)
治療　thérapie
区別される　se distinguer

## 18ページ

質問　question
精神分析　psychanalyse
精神療法　psychothérapie
言葉　mot
作用する　agir
対立する　s'opposer
なんにおいてか　en quoi
精神分析的発想　inspiration psychanalytique
マットに沈まない　on n'y va pas au tapis
寝椅子　divan
協会　sociétés
補塡する　suppléer
優先する　prévaloir
産み出す　produire
構造　structure
ランガージュ　langage
側面　versant
意味　sens
性の船　bateau sexuel
浴びせかける　déverser
無－意味　non-sens
明白な　frappant
愛の語りごと　dits de l'amour
明らかな　patent
けばけばしい　hurlant

## 19ページ

高い評価　haute idée
良識　bon sens
常識　sens commun
意味　sens
滑稽　comique
極致　sommet
性行為　coup du sexe
無－関係　non-rapport
威厳　dignité
続き　relais
交替　relève
暗示　suggestion

わたしは彼らについて話している　je parle d'eux
混乱させる　troubler
それ　ça
暗示　suggestion
効果　effet(s)
場合　cas

## 11ページ

小文字の他者　l'autre
パス　la passe
分析家であると自任する　se poser en analyste
未完成の教育　formation inachevée
見做される　passer pour

## 15ページ

薄っぺらな　mince
初歩的　élémentaire
卑俗　vulgaire
無意識　inconscient
奇妙な言葉　drôle de mot
否定形　négatif
世間　monde
知覚されないもの　chose inaperçue
どこにもない　nulle part
いい名　nom
いたるところにある　partout
精確な　précise
話す存在　être parlant
現実界　le réel
名づけられる　être nommé
本能　instinct
生存　survie
知　le savoir
思惟　pensée
不適当な　inadéquate
人間という病　mal d'homme

## 16ページ

人畜　d'hommestiques
地震　séisme
言語学　linguistique
原言語学　linguisterie
ララング　lalangue
卓越している　éminent
概念　notion
還元される　se réduire
魂　âme
外－在　ex-sistence
制定する　instituer
身体　corps
総計　somme
仮設　supposition
口調　voix
問題　problématique
思考　pensée
触れる　toucher
想像する　imaginer
構造　structure
切り分ける　découper
解剖学　anatomie

## 17ページ

裁断機　cisaille
強迫症状　symptôme obses-

# 訳語－原語対照表

・本文中にルビを付した訳語について原語との対照を示した。
・変化形は原則として原形に戻して収録した。
・本表におけるページ表記は原書のそれである。

## 9ページ

真理　la vérité
すべてではない　pas toute
真理をすべて語ること　toute la dire
それはできない　on y arrive pas
真理をすべて語ること　la dire toute
素材的に　matériellement
不可能　impossible
言葉　mot
不足している　manquer
由来する　tenir à
白状する　avouer
喜劇　comédie
くずかご　panier
失敗する　rater
失策　erreur
散策　errement
白痴　idiot
友情　amitié
危険なこと　danger
聴衆　public
セミネール　séminaire
眼差し　regard

## 10ページ

の名において　au nom de
誰にともなく　à la cantonade
分析家と想定される方たち　analystes supposés
群衆　attroupement
調子　ton
聞いている　entendre
荒唐無稽な　invraisemblable
対象　objet
自己分析　auto-analyse
耳を傾ける　écouter
理解される　être entendu
口にする　formuler
分析主体　analysant
分析家　analyste
わたしは彼らに話をする　je m'adresse à eux
わたしは彼らに話しかけている　je leur parle

KODANSHA

＊本書の原本は、一九九二年に青土社から刊行されました。

ジャック・ラカン（Jacques Lacan）
1901-81年。フランスの精神分析家。主な著書に『エクリ』（1966年）ほか。

藤田博史（ふじた　ひろし）
1955年生まれ。精神分析医，形成外科医。現在，医療法人ユーロクリニーク理事長。

片山文保（かたやま　ふみやす）
1951年生まれ。現在，明星大学名誉教授。専門は，フランス現代思想・精神分析。

---

講談社学術文庫

定価はカバーに表示してあります。

# テレヴィジオン

ジャック・ラカン
藤《ふじ》田《た》博《ひろ》史《し》・片山文保《かたやまふみやす》 訳

2016年12月9日　第1刷発行
2023年6月5日　第2刷発行

発行者　鈴木章一
発行所　株式会社講談社
東京都文京区音羽 2-12-21 〒112-8001
電話　編集（03）5395-3512
販売（03）5395-4415
業務（03）5395-3615

装　幀　蟹江征治
印　刷　株式会社ＫＰＳプロダクツ
製　本　株式会社国宝社
本文データ制作　講談社デジタル製作



---

ISBN978-4-06-292402-3

# 「講談社学術文庫」の刊行に当たって

これは、学術をポケットに入れることをモットーとして生まれた文庫である。学術は少年の心を養い、成年の心を満たす。その学術がポケットにはいる形で、万人のものになることは、生涯教育をうたう現代の理想である。

こうした考え方は、学術を巨大な城のように見る世間の常識に反するかもしれない。また、一部の人たちからは、学術の権威をおとすものと非難されるかもしれない。しかし、それはいずれも学術の新しい在り方を解しないものといわざるをえない。

学術は、まず魔術への挑戦から始まった。やがて、いわゆる常識をつぎつぎに改めていった。学術の権威は、幾百年、幾千年にわたる、苦しい戦いの成果である。こうしてきずきあげられた城が、一見して近づきがたいものにうつるのは、そのためである。しかし、学術の権威を、その形の上だけで判断してはならない。その生成のあとをかえりみれば、その根は常に人々の生活の中にあった。学術が大きな力たりうるのはそのためであって、生活をはなれた学術は、どこにもない。

開かれた社会といわれる現代にとって、これはまったく自明である。生活と学術との間に、もし距離があるとすれば、何をおいてもこれを埋めねばならない。もしこの距離が形の上の迷信からきているとすれば、その迷信をうち破らねばならぬ。

学術文庫は、内外の迷信を打破し、学術のために新しい天地をひらく意図をもって生まれた。文庫という小さい形と、学術という壮大な城とが、完全に両立するためには、なおいくらかの時を必要とするであろう。しかし、学術をポケットにした社会が、人間の生活にとってより豊かな社会であることは、たしかである。そうした社会の実現のために、文庫の世界に新しいジャンルを加えることができれば幸いである。

一九七六年六月

野間省一

**美学**
A・G・バウムガルテン著／松尾　大訳

人間にとって「美」とは何か？「美学」という概念を創始し、カントやヘーゲルら後世に決定的な影響を与えた画期の書。西洋文化の厚みと深みを知る上で決して避けては通れない大古典作品の全訳、初の文庫化！

2339

**人間不平等起源論**　付「戦争法原理」
ジャン＝ジャック・ルソー著／坂倉裕治訳

身分の違いや貧富の格差といった「人為」で作り出された不平等こそが、人間を惨めで不幸にする。この不平等の起源と根拠を突きとめ、不幸を回避する方法とは？　幻の作品『戦争法原理』の復元版を併録。

2367

**論理学**　考える技術の初歩
E・B・ド・コンディヤック著／山口裕之訳

ロックやニュートンなどの経験論をフランスに輸入・発展させた十八世紀の哲学者が最晩年に記した、若者たちのための最良の教科書。これを読めば、難解な書物も的確に、すばやく読むことができる。本邦初訳。

2369

**人間の由来**（上）（下）
チャールズ・ダーウィン著／長谷川眞理子訳・解説

『種の起源』から十年余、ダーウィンは初めて人間の由来と進化を本格的に扱った。昆虫、魚、両生類、爬虫類、鳥、哺乳類から人間への進化を「性淘汰」で説明。我々はいかにして「下等動物」から生まれたのか。

2370・2371

**中央アジア・蒙古旅行記**
カルピニ＋ルブルク著／護　雅夫訳

一三世紀中頃、ヨーロッパから「地獄の住人」の地へとユーラシア乾燥帯を苦難と危険を道連れに歩みゆく修道士たち。モンゴル帝国で彼らは何を見、どんな宗教や風俗に触れたのか。東西交流史の一級史料。

2374

**ブルジョワ**　近代経済人の精神史
ヴェルナー・ゾンバルト著／金森誠也訳

中世の遠征、海賊、荘園経営。近代の投機、賭博、発明。そして宗教、戦争。歴史上のあらゆる事象から、企業活動の側面は見出される。資本主義は、どこから始まり、どう発展してきたのか？　異端の碩学が解く。

2403

## 西洋の古典

### 愉しい学問
フリードリヒ・ニーチェ著／森　一郎訳

『ツァラトゥストラはこう言った』と並ぶニーチェの主著。随所で笑いを誘うアフォリズムの連なりから「永遠回帰」の思想が立ち上がり、「神は死んだ」という鮮烈な宣言がなされる。第一人者による待望の新訳。

2406

### 革命論集
アントニオ・グラムシ著／上村忠男編・訳

イタリア共産党創設の立役者アントニオ・グラムシの、本邦初訳を数多く含む待望の論集。国家防衛法違反の容疑で一九二六年に逮捕されるまでに残した文章を精選した。ムッソリーニに挑んだ男の壮絶な姿が甦る。

2407

### アルキビアデス　クレイトポン
プラトン著／三嶋輝夫訳

ソクラテス哲学の根幹に関わる二篇。野心家アルキビアデスにソクラテスは自己認識と徳の不可欠性を説く（アルキビアデス）。他方、クレイトポンは徳の内実と修得法を教えるようソクラテスに迫る（クレイトポン）。

2408

### 死に至る病
セーレン・キェルケゴール著／鈴木祐丞訳

「死に至る病とは絶望のことである」。この鮮烈な主張を打ち出した本書は、キェルケゴールの後期著作活動の集大成として燦然と輝く。最新の校訂版全集に基づいてデンマーク語原典から訳出した新時代の決定版。

2409

### 星界の報告
ガリレオ・ガリレイ著／伊藤和行訳

月の表面、天の川、木星……。ガリレオにしか作れなかった高倍率の望遠鏡に、宇宙は新たな姿を見せた。その衝撃は、伝統的な宇宙観の破壊をもたらすことになる。人類初の詳細な天体観測の記録が待望の新訳！

2410

### 比較史の方法
マルク・ブロック著／高橋清徳訳

歴史学に革命を起こした「アナール派」の創始者による記念碑的講演。人はなぜ歴史を学ぶのか？　そして、歴史から何を知ることができるのか？　根本的な問いを平易に説いた名著を全面改訂を経た決定版で読む！

2437

# 西洋の古典

## 十二世紀のルネサンス　ヨーロッパの目覚め
チャールズ・H・ハスキンズ著／別宮貞徳・朝倉文市訳

ローマ古典の再発見、新しい法学、アラビアの先進知識との遭遇、大学の誕生──イタリア・ルネサンス以前、中世の西欧ではすでに知的復興が行われていた！世界史の常識を覆し、今も指標とされる不朽の名著。

2444

## 宗教改革三大文書　付「九五箇条の提題」
マルティン・ルター著／深井智朗訳

記念碑的な文書「九五箇条の提題」とともに、一五二〇年に公刊され、宗教改革を決定づけた『キリスト教界の改善について』、『教会のバビロン捕囚について』、『キリスト者の自由について』を新訳で収録した決定版。

2456

## 言語起源論
ヨハン・ゴットフリート・ヘルダー著／宮谷尚実訳

神が創り給うたのか？　それとも、人間が発明したのか？──古代より数多の人々を悩ませてきた難問に果敢に挑み、大胆な論を提示して後世に決定的な影響を与えた名著。初めて自筆草稿に基づいた決定版新訳！

2457

## 書簡詩
ホラーティウス著／高橋宏幸訳

古代ローマを代表する詩人ホラーティウスの主著。オウィディウス、ペトラルカ、ヴォルテールに連なる韻文による書簡の伝統は、ここに始まった。名高い『詩論』を含む古典を清新な日本語で再現した待望の新訳。

2458

## リュシス　恋がたき
プラトン著／田中伸司・三嶋輝夫訳

美少年リュシスとその友人を相手にプラトンが「友愛」とは何かを論じる『リュシス』。そして、「知を愛すること」としての「哲学」という主題を扱った『恋がたき』。「愛すること」で貫かれた名対話篇、待望の新訳。

2459

## メタサイコロジー論
ジークムント・フロイト著／十川幸司訳

「抑圧」、「無意識」、「夢」など、精神分析の基本概念を刷新するべく企図された幻の書『メタサイコロジー序説』に収録されるはずだった論文のうち、現存する六篇すべてを集成する。第一級の分析家、渾身の新訳！

2460

《講談社学術文庫　既刊より》

## 西洋の古典

### 国家の神話
エルンスト・カッシーラー著／宮田光雄訳

稀代の碩学カッシーラーが最晩年になってついに手がけた畢生の記念碑的大作。独自の「シンボル(象徴)」理論に基づき、古代ギリシアから中世を経て現代に及ぶ壮大なスケールで描き出される怒濤の思想的ドラマ！

2461

### 七十人訳ギリシア語聖書 モーセ五書
秦 剛平訳

前三世紀頃、七十二人のユダヤ人長老がヘブライ語聖書をギリシア語に訳しはじめた。この通称「七十人訳」こそ、現存する最古の体系的聖書でありイエスの時代の聖書である。西洋文明の基礎文献、待望の文庫化！

2465

### ホモ・ルーデンス 文化のもつ遊びの要素についてのある定義づけの試み
ヨハン・ホイジンガ著／里見元一郎訳

「人間の文化は遊びにおいて、遊びとして、成立し、発展した」――。遊びをめぐる人間活動の本質を探究、「遊びの相の下に」人類の歴史を再構築した人類学の不朽の大古典！ オランダ語版全集からの完訳。

2479

### ヨハネの黙示録
小河 陽訳(図版構成・石原綱成)

正体不明の預言者ヨハネが見た、神の審判による世界の終わりの幻。最後の裁きは究極の破滅か、永遠の救いか――？ 新約聖書の中で異彩を放つ謎多き正典のすべてを、現代語訳と八十点余の図像で解き明かす。

2496

### 仕事としての学問 仕事としての政治
マックス・ウェーバー著／野口雅弘訳

マックス・ウェーバーが晩年に行った、二つの講演の画期的新訳。『職業としての学問』と『職業としての政治』の邦題をあえて変更し、生計を立てるだけの「職業」ではない学問と政治の大切さを伝える。

2500

### 社会学的方法の規準
エミール・デュルケーム著／菊谷和宏訳

ウェーバーと並び称される社会学の祖デュルケームは、一八九五年、新しい学問を確立するべく、記念碑的なマニフェストとなった本書を発表する。社会学とは何を扱う学問なのか？――決定版新訳が誕生。

2501

## 西洋の古典

### 物質と記憶
アンリ・ベルクソン著／杉山直樹訳

フランスを代表する哲学者の主著――その新訳を第一級の研究者が満を持して送り出す。簡にして要を得た訳者解説を収録した文字どおりの「決定版」である本書は、ベルクソンを読む人の新たな出発点となる。

2509

### 科学者と世界平和
アルバート・アインシュタイン著／井上　健訳（解説・佐藤　優／筒井　泉）

ソビエトの科学者との戦争と平和をめぐる対話「科学者と世界平和」。時空の基本概念から相対性理論の着想、統一場理論への構想まで記した「物理学と実在」。平和と物理学、それぞれに統一理論はあるのか？

2519

### 中世都市　社会経済史的試論
アンリ・ピレンヌ著／佐々木克巳訳（解説・大月康弘）

「ヨーロッパの生成」を中心テーマに据え、二十世紀を代表する歴史家となったピレンヌ不朽の名著。地中海を囲む古代ローマ世界はゲルマン侵入とイスラーム勢力によっていかなる変容を遂げたのかを活写する。

2526

### 箴言集
ラ・ロシュフコー著／武藤剛史訳（解説・鹿島茂）

十七世紀フランスの激動を生き抜いたモラリストが、人間の本性を見事に言い表した「箴言」の数々。鋭敏な人間洞察と強靱な精神、ユーモアに満ちた短文が、自然に読める新訳で、現代の私たちに突き刺さる！

2561

### 国富論（上）（下）
アダム・スミス著／高哲男訳

スミスの最重要著作の新訳。「見えざる手」による自由放任を推奨するだけの本ではない。分業、貨幣、利子、貿易、軍備、インフラ整備、税金、公債など、経済の根本問題を問う近代経済学のバイブルである。

2562・2563

### ペルシア人の手紙
シャルル＝ルイ・ド・モンテスキュー著／田口卓臣訳

二人のペルシア貴族がヨーロッパを旅してパリに滞在している間、世界各地の知人たちとやり取りした虚構の書簡集。刊行（一七二一年）直後から大反響を巻き起こした異形の書を、気鋭の研究者による画期的新訳。

2564

## 西洋の古典

### 世界史の哲学講義　ベルリン１８２２／２３年（上）（下）
G・W・F・ヘーゲル著／伊坂青司訳

一八二二年から没年（一八三一年）まで行われた講義のうち初年度を再現。上巻は序論「世界史の概念」から本論第一部「東洋世界」を、下巻は第二部「ギリシア世界」から第四部「ゲルマン世界」をそれぞれ収録。

2502・2503

### 小学生のための正書法辞典
ルートヴィヒ・ヴィトゲンシュタイン著／丘沢静也・荻原耕平訳

ヴィトゲンシュタインが生前に刊行した著書は、たった二冊。一冊は『論理哲学論考』、そして教員生活を送っていた一九二六年に書かれた本書である。長らく未訳のままだった幻の書、ついに全訳が完成。

2504

### 言語と行為　いかにして言葉でものごとを行うか
J・L・オースティン著／飯野勝己訳

言葉は事実を記述するだけではない。言葉を語ることがそのまま行為をすることになる場合がある——「確認的」と「遂行的」の区別を提示し、「言語行為論」の誕生を告げる記念碑的著作、初の文庫版での新訳。

2505

### 老年について　友情について
キケロー著／大西英文訳

偉大な思想家にして弁論家、そして政治家でもあった古代ローマの巨人キケロー。その最晩年に遺された著作のうち、もっとも人気のある二つの対話篇。生きる知恵を今に伝える珠玉の古典を一冊で読める新訳。

2506

### 技術とは何だろうか　三つの講演
マルティン・ハイデガー著／森　一郎編訳

第二次大戦後一九五〇年代に行われたテクノロジーをめぐる講演のうち代表的な三篇「物」、「建てること、住むこと、考えること」、「技術とは何だろうか」を新訳で収録する。技術に翻弄される現代に必須の一冊。

2507

### 閨房の哲学
マルキ・ド・サド著／秋吉良人訳

数々のスキャンダルによって入獄と脱獄を繰り返し、人生の三分の一以上を監獄で過ごしたサドのエッセンスが本書には盛り込まれている。第一級の研究者がついに手がけた「最初の一冊」に最適の決定版新訳。

2508

## 西洋の古典

**十二世紀のルネサンス** ヨーロッパの目覚め
チャールズ・H・ハスキンズ著／別宮貞徳・朝倉文市訳

ローマ古典の再発見、新しい法学、アラビアの先進知識との遭遇、大学の誕生――イタリア・ルネサンス以前、中世の西欧ではすでに知的復興が行われていた！世界史の常識を覆し、今も指標とされる不朽の名著。

2444

**宗教改革三大文書** 付「九五箇条の提題」
マルティン・ルター著／深井智朗訳

記念碑的な文書「九五箇条の提題」とともに、一五二〇年に公刊され、宗教改革を決定づけた『キリスト教界の改善について』、『教会のバビロン捕囚について』、『キリスト者の自由について』を新訳で収録した決定版。

2456

**言語起源論**
ヨハン・ゴットフリート・ヘルダー著／宮谷尚実訳

神が創り給うたのか？ それとも、人間が発明したのか？――古代より数多の人々を悩ませてきた難問に果敢に挑み、大胆な論を提示して後世に決定的な影響を与えた名著。初めて自筆草稿に基づいた決定版新訳！

2457

**書簡詩**
ホラーティウス著／高橋宏幸訳

古代ローマを代表する詩人ホラーティウスの主著。オウィディウス、ペトラルカ、ヴォルテールに連なる韻文による書簡の伝統は、ここに始まった。名高い『詩論』を含む古典を清新な日本語で再現した待望の新訳。

2458

**リュシス 恋がたき**
プラトン著／田中伸司・三嶋輝夫訳

美少年リュシスとその友人を相手にプラトンが「友愛」とは何かを論じる『リュシス』。そして、「知を愛すること」としての「哲学」という主題を扱った『恋がたき』。「愛すること」で貫かれた名対話篇、待望の新訳。

2459

**メタサイコロジー論**
ジークムント・フロイト著／十川幸司訳

「抑圧」、「無意識」、「夢」など、精神分析の基本概念を刷新するべく企図された幻の書『メタサイコロジー序説』に収録されるはずだった論文のうち、現存する六篇すべてを集成する。第一級の分析家、渾身の新訳！

2460

## 西洋の古典

### 国家の神話
エルンスト・カッシーラー著／宮田光雄訳

稀代の碩学カッシーラーが最晩年になってついに手がけた畢生の記念碑的大作。独自の「シンボル(象徴)」理論に基づき、古代ギリシアから中世を経て現代に及ぶ壮大なスケールで描き出される怒濤の思想的ドラマ！

2461

### 七十人訳ギリシア語聖書 モーセ五書
秦　剛平訳

前三世紀頃、七十二人のユダヤ人長老がヘブライ語聖書をギリシア語に訳しはじめた。この通称「七十人訳」こそ、現存する最古の体系的聖書でありイエスの時代の聖書である。西洋文明の基礎文献、待望の文庫化！

2465

### ホモ・ルーデンス 文化のもつ遊びの要素についてのある定義づけの試み
ヨハン・ホイジンガ著／里見元一郎訳

「人間の文化は遊びにおいて、遊びとして、成立し、発展した」——。遊びをめぐる人間活動の本質を探究、「遊びの相の下に」人類の歴史を再構築した人類学の不朽の大古典！　オランダ語版全集からの完訳。

2479

### ヨハネの黙示録
小河　陽訳(図版構成・石原綱成)

正体不明の預言者ヨハネが見た、神の審判による世界の終わりの幻。最後の裁きは究極の破滅か、永遠の救いか——？　新約聖書の中で異彩を放つ謎多き正典のすべてを、現代語訳と八十点余の図像で解き明かす。

2496

### 仕事としての学問 仕事としての政治
マックス・ウェーバー著／野口雅弘訳

マックス・ウェーバーが晩年に行った、二つの講演の画期的新訳。『職業としての学問』と『職業としての政治』の邦題をあえて変更し、生計を立てるだけの「職業」ではない学問と政治の大切さを伝える。

2500

### 社会学的方法の規準
エミール・デュルケーム著／菊谷和宏訳

ウェーバーと並び称される社会学の祖デュルケームは、一八九五年、新しい学問を確立するべく、記念碑的なマニフェストとなった本書を発表する。社会学とは何を扱う学問なのか？——決定版新訳が誕生。

2501